中华优秀传统文化

汉字课

人体篇

朱叙国　主编

江苏凤凰文艺出版社

图书在版编目（CIP）数据

中华优秀传统文化汉字课 . 人体篇 / 朱叙国主编 . -- 南京：江苏凤凰文艺出版社，2022.1
　ISBN 978-7-5594-6319-7

Ⅰ . ①中… Ⅱ . ①朱… Ⅲ . ①汉字 – 小学 – 教学参考资料 Ⅳ . ① G624.203

中国版本图书馆 CIP 数据核字 (2021) 第 195307 号

中华优秀传统文化汉字课 . 人体篇

朱叙国　主编

出　版　人	张在健
责 任 编 辑	朱雨芯
策 划 编 辑	文芹芹
装 帧 设 计	观止堂_叶小舟
责 任 印 制	刘　巍
出 版 发 行	江苏凤凰文艺出版社
	南京市中央路165号，邮编：210009
网　　　址	http://www.jswenyi.com
印　　　刷	苏州市越洋印刷有限公司
开　　　本	787毫米×1092毫米　1/16
印　　　张	14.25
字　　　数	146千字
版　　　次	2022年1月第1版
印　　　次	2022年1月第1次印刷
书　　　号	ISBN 978-7-5594-6319-7
定　　　价	99.00元（全3册）

江苏凤凰文艺版图书凡印刷、装订错误，可向出版社调换，联系电话 025-83280257

为传承和弘扬中华优秀文化助力

赖永海

中华文化是中华民族的精神家园，是中华民族生生不息、发展壮大的丰厚滋养。近几年来，研究、传承和弘扬中华优秀文化，受到党中央和各级政府的高度重视，把中华优秀文化的传承发展工作"纳入经济社会发展总体规划"。

随着优秀中华文化对于增强文化软实力等方面的重要作用逐渐得到国人的普遍认同和充分肯定，了解和学习优秀传统文化已然成为一种社会的需求和民众的自觉。

为了回应这种时代脉动和社会需求，作为在计算机应用方面成就卓著、在国学研究领域造诣颇深的"两栖"人才和"双创"专家，朱叙国先生继不久前推出了同步学习软件"轻松学国文"，并获得较大的社会效益之后，最近又精心撰著、编写了三本《中华优秀传统文化汉字课》，从"人体""生活""自然"三个维度，对作为中华文化载体的汉字，从其生成过程及其字形蕴涵（起源）、汉字的演变过程（从象形文字，到甲骨文、金文、篆书，再到隶书）、汉字在相关成语中的运用及其含义等方面，进行了既生动形象、又通俗易懂的描述和剖析，不仅有助于孩子快速掌握汉字，还能让孩子从字源上了解汉字文化，在他们幼小的心灵上播下传统文化的种子。毋庸质疑，在学习、传承和弘扬中华优秀传统文化方面，这确实是件一举多得、功德无量的事。

《中华优秀传统文化汉字课》套书付梓前，朱叙国先生要我为该书写上几句话。我十分乐意把该书推荐给喜欢中华优秀传统文化的大朋友、小朋友们。

是为序。

辛丑年冬月于南京大学

让孩子从字源上理解汉字文化

朱叙国

传承和弘扬中华优秀传统文化，需要从汉字学习开始，假如您的孩子能够在 10 岁左右掌握 5000 个以上的汉字，不仅独立阅读没有障碍，阅读速度也将大大超过同龄人。在大语文时代，得阅读者得未来的今天，这才是真正赢在起跑线上。

在汉字学习之前，首先要让孩子了解汉字的来源与结构，世界四大古文明中的古埃及文明、古巴比伦文明、古印度文明都已经消失在历史的长河中，唯一得到传承下来的只有中华文明，而承载中华文明传承的恰恰就是汉字，汉字从象形文字，到甲骨文、金文、篆书、隶书，直到现在常用的楷书，一脉相承，源远流长。

地球上其他国家使用的希腊文语系、拉丁文语系都是表音文字，只需掌握数十个字母即可，会说几乎就会写，但缺点也很明显，就是单词越来越多，词汇越来越复杂，作为个体，想掌握 20 万个以上的词汇极为困难。相对而言，我们的汉字则是表意文字，每一个汉字的背后都有一个故事，汉字是由 540 个（依照东汉经学家许慎所著《说文解字》收录）象形的偏旁部首按照一定的规律组装出来的，每一个偏旁部首都具有相对固定的含义。因此，如果掌握了这些偏旁和部首的含义，我们就能够在不认识该字的情况下，依照上下文猜出意思。

在孩提时期，汉字学习往往是从记住汉字图形开始，每个孩子开始书写汉字时，大都又是从画汉字开始，幼儿时代学习汉字，其实就是在均衡开发孩子的左右脑。

如果孩子明白汉字的结构，又理解字源，那么他将很快就能理解大量汉字的语义。以我们常见的左耳旁"阝"为例，它来源于"阜"这个字源，本义是指山丘、土坡，表示山体高大，需要挖出脚窝才能上下，由其所造的字，大都和升降、高坡等语义有关，如"降""陡""陨""坠"等。而右耳旁虽然和左耳旁写法一样，但语义完全不同，它来源于"邑"这个字源，表示人们居住的地方，由其所造的字往往和城镇、地域相关，如"都""郊""郑""鄱""郴""邯郸"等。本书收录125个常用字源，按照人体篇、生活篇、自然篇分为三册，覆盖80%以上的常用汉字，从汉字字源、汉字的演变过程、汉字与成语典故三个方面来认识汉字字形，学习汉字文化，不仅有助于孩子快速掌握汉字，更是在他们幼小的心灵上播下传统文化的种子，以期使中华优秀传统文化得以传承和发扬。

帮助孩子快速、尽早掌握常用汉字，平衡左右脑的智慧开发，从小了解并热爱传统文化，开启不一样的人生，是我们这套书的宗旨。另外，我们还随书附赠同步学习软件"轻松学国文"，内含数字化字源学习法识字工具和部分优秀传统文化学习资源，软件以动画视频、闯关游戏的方式，帮助孩子一个月掌握5000个以上的汉字，三个月背诵唐诗宋词300首。

本书编写时参考了许慎《说文解字》、何大齐《万有汉字》以及汉典网，编写过程中也得到了南京大学中华文化研究院院长赖永海老师的指导和帮助，在此表示诚挚的感谢！

本书的出版得到苏州泰伯科技有限公司、南京弘毅伯泰数字技术有限公司、衢州泰伯教育科技有限公司的大力支持和协助！

因时间和学识的原因，书中难免有不足之处，烦请读者来信指正！邮箱：hanzike2021@163.com

谨以此书献给挚爱的镕泽和元慧。

人（亻）

　　最初的汉字就像图画一样，人类观察世界万物，根据它们的形象来画出最初的汉字。

　　人类最为关注的就是自己。所以"人"这个字很早就被造出来了，而且用"人"造出来的字非常多。我们今天写的"人"字是一撇一捺，好像一个人叉开两条腿站在那里，但这不是最初的"人"的字形。"人"字最早的甲骨文写法是 𠂉，像是画了一个侧面站立着的人，右边是它的身体，左边是向前伸出来的胳膊，整体就像一个人侧面的剪影。后来"人"在文字里主要变成两个形象，一个是把胳膊拉长写成"人"，主要是放在字的上边或右边，如"从""众""介"；另一个变成了"亻"，如"你""他""们"。带"人"的字一般和人的身体行为、状态等有关。

cóng

笔画 4画
部首 人
结构 左右

"从"字是会意字，两个人一前一后向前走，一人跟着另外一个人。所以"从"的本义是一个人跟着另一个人，即跟随、随行。由本义引申为顺从、听从。作介词时，又可表示起于、经过、根据等，如"从前"。

● 汉字的演变过程

| 甲骨文 | 金文 | 篆书 | 隶书 |

● 汉字与成语典故

从谏如流 谏：指规劝，使改正错误。这个成语的意思是接受规劝像水顺流而下一样。指君主乐于听取和接受臣子的规劝或意见。东汉班彪《王命论》："从谏如顺流，趣时如响起。"

人体篇 3

zhòng

众

笔画 6画
部首 人
结构 上下

三个人在一起组成"众"字，用三个人来表示人数很多。甲骨文的"众"和今天的写法不一样，除了三个人之外，上面还画了一个太阳，表示很多人在太阳底下辛苦地劳动。后来下面的三个人挤在一起就变成了繁体字"衆"。

● 汉字的演变过程

| 甲骨文 | 金文 | 篆书 |

● 汉字与成语典故

众口铄金 铄：熔化。金：泛指一切金属。比喻舆论的力量很大，众口一词，连金属都可以熔化。《国语·周语下》："众心成城，众口铄金。"

jù

笔画 14画
部首 耳
结构 上下

"聚"字，下面也带着拥挤在一起的三个人。"聚"的本义就是聚会，是很多人在一起开会的意思，下面的"乑"来自"众"的繁体字"衆"，表示很多人。

● 汉字的演变过程

篆书　　隶书

● 汉字与成语典故

物以类聚　指人或事物属于同类的总是聚集在一起，不同类的则各自区分开来。这个成语出自《周易·系辞上》："方以类聚，物以群分，凶吉生矣。"

人体篇　5

休

xiū

笔画　6画
部首　亻
结构　左右

　　"休"字左边是"亻",右边是"木"字,这个形象是一个人倚着一棵树,表示人在休息。"休"的本义是在树荫下乘凉歇息,由这个意思引申为停顿、停止,如"休止符"。

● 汉字的演变过程

| 甲骨文 | 金文 | 篆书 | 隶书 |

● 汉字与成语典故

休养生息　指战争或其他原因引起的大动荡之后,采取措施减轻人民负担,安定生活,发展生产,恢复元气。唐代韩愈《平淮西碑》:"高祖、太宗,既除既治;高宗中睿,休养生息,至于玄宗,受报收功,极炽而丰。"

qǐ

笔画　6画
部首　人
结构　上下

"企"字，最初的字形是画了一个侧面站立的人和他的脚，脚的形象后来变成了"止"字。甲骨文的形象强调的是一个人踮起脚来向远处看，"企"的本义就是踮着脚向远处看。人想要获得某种东西的时候也要踮起脚向上尽量去获取，所以"企"又有想要得到的意思，如"企求""企图"。

● 汉字的演变过程

甲骨文	篆书	隶书

● 汉字与成语典故

不可企及　企：希望。及：达到。这个成语的意思是没有希望达到，一般用来形容差距太大，无法赶上。唐代柳冕《答衢州郑使君论文书》："即圣人道可企而及之者，文也；不可企而及之者，性也。"

人体篇 7

sī

笔画 5画
部首 丁
结构 半包围

"司"字甲骨文中的字形右边站的是一个人，左边是一个"口"表示一个人在张口发号施令，所以"司"的本义是主持、掌管，如，掌管法律的机构叫司法机构。

● 汉字的演变过程

| 甲骨文 | 金文 | 篆书 | 隶书 |

● 汉字与成语典故

司空见惯 司空：古代官名。形容经常看到，不足为奇。唐代孟棨《本事诗·情感》载刘禹锡诗："司空见惯浑闲事，断尽江南刺史肠。"

儿

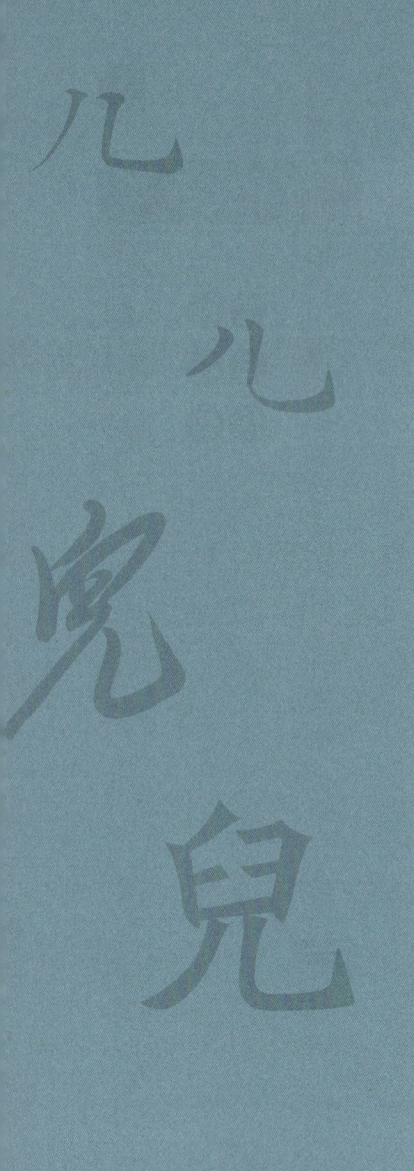

　　"儿"是由"人"变化出来的一个基本字源。造字时,"儿"和"人"是同一个字,后来才分开,一般"儿"只用在汉字的下面部分,如"兄""见""先"等。

　　至于"儿童"的"儿",本来是繁体字"兒",为了写起来简便,在简化字里才借用了"儿"这个字形。金文的"兒"字写作♀,下面是一个人形,上面画了一个大脑袋,这个大脑袋上面有一块没有合拢,这正是婴儿的特点。

　　到了简化汉字的时候,就把上面的特点拿掉了,不过繁体的"兒"我们在别的字形里还能看到,如"霓"。

人体篇 9

yuán

笔画 4画
部首 儿
结构 上下

"元"也是从"人"造出来的字，在人的头顶的位置，加上两横，表示人的头，所以"元"字的本义是人头。头是人最重要的器官，所以居第一就叫"元"，考试的第一名是"状元"，最大的将领是"元帅"，一年的第一天叫"元旦"，国家领导人叫"元首"，这些都是从"头"的意思产生出来的。

● 汉字的演变过程

| 甲骨文 | 金文 | 篆书 | 隶书 |

● 汉字与成语典故

一元复始 指新的一年开始。《白雪遗音·八角鼓·节至新春》："节至新春，五福来临；一元复始，万象更新。"

见

jiàn/xiàn

笔画 4画
部首 见
结构 独体

在人的头上画了一个大眼睛，强调用眼睛去看，就成了"见"字。"见"字最早的字形上面就是一个眼睛的形象，后来在简化字里就看不出是眼睛了。"见"字用作名词时表示看法、见解，由它的本义又引申出接触、遇到的意思。

● 汉字的演变过程

甲骨文	金文	篆书	隶书

● 汉字与成语典故

见贤思齐 贤：贤德之人。齐：看齐，达到一致。这个成语的意思是见到德才兼备的人，就想向他学习，和他一样。成语出自《论语·里仁》："见贤思齐焉，见不贤而内自省也。"

人体篇

xiōng 兄

笔画 5画
部首 口
结构 上下

"兄"字最初的字形是画了一个人张着大嘴的样子，表示张着大嘴向天祈祷，所以"兄"的本义是主持祭祀的人。主持祭祀的人年龄一般比较大，后来就把比自己年长的同辈叫作"兄"，即哥哥。

● 汉字的演变过程

| 甲骨文 | 金文 | 篆书 | 隶书 |

● 汉字与成语典故

难兄难弟 nán xiōng nán dì，原指兄弟才德都好，不分高低。后多反用，讥讽两人一样坏。成语出自南朝宋刘义庆的《世说新语·德行》："元方难为弟，季方难为兄。"意思是元方好得做他的弟弟难，季方好得做他的哥哥难。这个成语现在多读作 nàn xiōng nàn dì，指彼此共患难的人。

tū

笔画　7画
部首　禾
结构　上下

有些带"人"形的字，后来发生了变化，写成了"几"，如"秃"字。这个字本来是画了一个人，上面头发稀疏，就像禾苗一样，后来下面的"人"写成了"几"，其实它和几个没有关系，还是表示"人"的形象。

● 汉字的演变过程

甲骨文　　　篆书

● 汉字与成语典故

发秃齿豁　头发掉光，牙齿豁落。形容人已衰老。唐代韩愈《上兵部李侍郎书》："私自怜悼，悔其初心，发秃齿豁，不见知已。"

人体篇

大

基本字源"大"也是一个人的形象,甲骨文写作🧍,是一个伸开胳膊和腿站着的成年人的形象。"大"字一般用来表示体积、重量、容积等比较大,和"小"相对。带"大"的字一般有两方面的含义:一个是和人的身体有关,因为"大"字本来就是人身体的形象;另一个是和数量、质量、体积等大小有关。

tài

笔画 4画
部首 大
结构 独体

"太"在甲骨文中和"大"是同一个字，后来为了区分，在下面加了一点。给一个字加上一点符号，或者把它扭曲变成另外一个字形，这是汉字造字的一个非常重要的方法。"太"的意义都来源于"大"，古代的"太子"就是大儿子的意思。反过来看，"大"也能表示"太"的意思，像我们说"大热天"，就是太热的天。

● 汉字的演变过程

| 甲骨文 | 篆书 | 隶书 |

● 汉字与成语典故

粉饰太平　粉饰：涂饰表面，指美化外表，掩盖污点或缺点。太平：安定，平安。这个成语的意思是掩盖社会黑暗的现实，装点成一片安定景象。宋代蔡絛《铁围山丛谈》："当是时，方粉饰太平，务复古礼制。"

人体篇 15

fū/fú

笔画 4画
部首 一
结构 独体

在成年男子的头上，加上一个簪子就成了"夫"字。在古代，行过加冠礼的成年男子才需要戴簪子，所以"夫"的本义是成年男子。"大丈夫""农夫""渔夫"里面的"夫"都有成年男子的意思。"夫"字读作fú时，在文言文中用作代词和语气助词。

● 汉字的演变过程

| 甲骨文 | 金文 | 篆书 | 隶书 |

● 汉字与成语典故

匹夫之勇 匹夫：古代特指平民中的男子，后泛指普通百姓。这个成语的意思是做事不讲策略，只凭个人勇气。成语出自《国语·越语上》："吾不欲匹夫之勇也，欲其旅进旅退。"

tiān

笔画 4画
部首 一
结构 独体

"天"的本义不是天空而是人头，因为头上顶着天，所以后来又有了天空的意思。《刑天舞干戚》这个神话能够说明"天"字最初的意思：有个叫刑天的神，和天帝争夺领导权，后来天帝把他打败了，把他的头砍了下来。可是刑天仍然不服，就以双乳为眼睛，以肚脐眼为口，舞动兵器继续和天帝打仗。"刑天"这个名字的意思就是被砍掉了头的不死之神。

● 汉字的演变过程

| 甲骨文 | 金文 | 篆书 | 隶书 |

● 汉字与成语典故

悲天悯人 天：天命。悯：怜悯。哀叹时世艰辛，怜悯百姓疾苦。形容对社会腐败和民生疾苦的激愤忧伤。唐代韩愈《争臣论》："彼二圣一贤者，岂不知自安佚之为乐哉？诚畏天命而悲人穷也！"

人体篇　17

chì

笔画　7画
部首　赤
结构　上下

"赤",本来的字形上面是"大",下面是"火",合在一起表示大火的颜色,即火红色——比朱红色稍浅的颜色。初生的婴儿全身呈红色,所以叫作"赤子",后来这个词用来比喻热爱祖国、纯洁善良的人。红色象征热烈,所以"赤"又可象征忠诚、纯真、专一等义,可用来象征革命。

● 汉字的演变过程

| 甲骨文 | 金文 | 篆书 | 隶书 |

● 汉字与成语典故

赤胆忠心　赤:赤诚。形容十分忠诚。明代许仲琳《封神演义》第五十二回:"臣空有赤胆忠心,无能回其万一。"

卩

"卩"，读作"jié"，是一个表示跪坐着的人的基本字源。甲骨文的"卩"字写作 ，只作为字的组成部分来使用，不单独成为一个字，它的形象是一个人跪坐在那里，手向下垂，下面强调腿部的膝盖弯曲。这个形象后来在文字里又变成了以下几个样子：有的在中间加了一点，即"卩"；有的写成"巴"；有的把底下的弯曲也画了出来，即"巳"。带"卩"的字和人或腿的关节有关。

人体篇

印

yìn

笔画　5画
部首　卩
结构　左右

"印"，右边是一个跪坐的人，左边是一只手，从甲骨文的字形可以看出，手是在用力地向下压，不让这个跪着的人起来。这个形象强调的是向下压的动作，所以"印"的本义就是向下压。如，脚印就是向下踩的时候留下的痕迹。古代制作图书是在一张木板上刻上字，涂上油墨，把纸放在木板上，再用棕刷压在纸上刷一遍，木板上的文字就印到纸上了，所以制作图书叫"印刷"。

● 汉字的演变过程

| 甲骨文 | 金文 | 篆书 | 隶书 |

● 汉字与成语典故

心心相印　印：印证，契合。本为佛教用语，指传授佛法不借助于文字，而以心互相印证。后用来指彼此心意相通，思想感情完全投合。裴休《圭峰定慧禅师碑》：诸佛之所证，超一切理，离一切相，不可以言语、智识、有无、隐显推求而得。但心心相印，印印相契，使自证知光明受用而已。"

抑

yì

笔画 7画
部首 扌
结构 左右

给"印"加上"手"就造出了新字——"抑",后来的"抑"把"印"中间的那一横给省掉,写成了"卬",其实"抑"和"卬"并没有关系,"抑"的本义也是向下按压,后来引申为控制、压制。

● 汉字的演变过程

| 甲骨文 | 金文 | 篆书 | 隶书 |

● 汉字与成语典故

崇本抑末 本:根本,此指农业。末:末梢,枝节,此指工商业。这个成语的意思是重视农业生产,抑制工商业的发展。现在常用来指注重根本,轻视枝末。《三国志·魏志·司马芝传》:"王者之治,崇本抑末,务农重谷。"

人体篇

服

fú/fù

笔画　8画
部首　月
结构　左右

"服"字，最早的字形左边是一个船的形象，右边是用手压着一个人让他跪下，这个字形表示坐着船把被驯服的人抓回来，本义是征服、降服，船的形象本来应该写作"舟"，后来被误写成了"月"。由本义出发，"服"被引申为佩服、信服等。读"fù"时，作量词，特指中药的剂量。

● 汉字的演变过程

| 甲骨文 | 金文 | 篆书 | 隶书 |

● 汉字与成语典故

心悦诚服　悦：高兴。服：信服，佩服。心里高兴，真诚佩服。指诚心诚意地佩服。这个成语出自《孟子·公孙丑上》："以力服人者，非心服也，力不赡也；以德服人者，中心悦而诚服也。"

危

wēi

笔画 6画
部首 㔾
结构 上下

"危"字在篆书中，上面是一个人，站在高高的悬崖上，底下是一个跪着的人，用两个人的对比表示站在悬崖上的人很高。"危"的本义是位置很高，因为在高处比较危险，所以又有了危险的意思。在古文里，"危"经常用来表示高，比如李白《夜宿山寺》中的诗句："危楼高百尺，手可摘星辰。"其中"危楼"指很高的楼，而不是危险的楼。

● 汉字的演变过程

篆书	隶书
危	危

● 汉字与成语典故

居安思危 居：处于。思：想。这个成语是指虽然处在平安的环境里，也要想到有出现危险的可能。指随时有应付意外事件的思想准备。《左传·襄公十一年》："《书》曰：'居安思危。'思则有备，有备无患。"

勹

　　基本字源"勹"读作"bāo",是一个向下弯曲的人形,在有的字形里它甚至成为趴在地上的形象。许慎《说文解字》中说:"勹,裹也。象人曲形,有所包裹。"

　　"勹"一般只作为字的组成部分,从"勹"造出来的字一般和人体、包裹等有关。还有些字形也写作"勹",其实是从手或纠缠在一起的藤蔓变过来的,在辨别意义的时候要注意把它们区分开。

bāo 包

笔画 5画
部首 勹
结构 半包围

"包"的甲骨文字形外面是一个肚子很大的孕妇的形象，里面是一个小小的胎儿，"包"的本义是包裹胎儿的胎衣，后来引申为把某种东西包起来、装东西的袋子等意思。

● 汉字的演变过程

| 甲骨文 | 篆书 | 隶书 |

● 汉字与成语典故

包罗万象 包罗：包纳，包容。万象：宇宙间各种各样的景象。形容内容丰富纷繁，应有尽有，无所不包。《黄帝宅经》卷上："所以包罗万象，举一千从，运变无形，而能化物大矣。"

胞 bāo

笔画 9画
部首 月
结构 左右

"胞"字，左边的"月"表示和人的身体有关，右边的"包"是声旁。"胞"的本义是胎衣，"同胞"一词指的是同一个父母所生的兄弟姐妹，后来表示同一个国家的人，就像兄弟姐妹一样亲。

● 汉字的演变过程

篆书　　隶书

● 汉字与成语典故

民胞物与　民胞：指对别人就像对自己的兄弟姐妹一样。物与：指要友好地对待他人。成语指要泛爱一切的世人。宋代张载《西铭》："故天地之塞，吾其体，天地之帅，吾其性，民吾同胞，物吾与也。"

jūn

笔画 6画
部首 冖
结构 上下

"军",今天的字形上面写成了"冖",最初的字形用的是"勹"——表示包裹、围起,"车"表示战车。古代军队打仗主要进行的是车战,宿营的时候把车辕向里围成一圈形成屏障。把战车围起来,就是宿营驻扎,所以"军"的本义就是军队驻扎。《史记》鸿门宴的故事里说"沛公军坝上",就是沛公在坝上驻扎的意思。"军"字后来引申为军队和士兵。

● 汉字的演变过程

| 金文 | 篆书 | 隶书 |

● 汉字与成语典故

军国大计 军国:军政国务,统军治国。成语指整军经武、治理国家的长远决策和重要规划,也指军事国务的重大经济开支以及筹划。权德舆《论江淮水灾上疏》:"军国大计,仰于江淮。"

人体篇

jūn

笔画 7画
部首 土
结构 左右

字形里带"勹"的字不一定都是来自于人形，有些是从手的形象变过来的，像"匀"。"匀"字最初的形象是一只弯曲的手臂，在里面放上两个一模一样的东西，表示平均分成两份。在"匀"字前面加个土字旁，就成了"均"，"均"最初的形象可能和土地有关，后来主要表示相等、均分的意思。

● 汉字的演变过程

| 金文 | 篆书 | 隶书 |

● 汉字与成语典故

势均力敌　双方势力相当，分不出谁强谁弱。《尹文子逸文》(《意林》二、《太平御览》四三二)："两智不能相使，两贤不能相临，两辩不能相屈，力均势敌故也。"

gōu / gòu

笔画 4画
部首 勹
结构 半包围

"勾"和"句"本来是同一个字,都写作"句",上面是藤蔓缠在一起的形象,下面的"口"表示读音,它们的本义是弯曲。春秋时期越国的国君,叫勾践,其实他的名字在古代写作"句践"。

● 汉字的演变过程

甲骨文　　金文　　篆书

● 汉字与成语典故

一笔勾销　勾销:去掉,抹掉。形容把过去的事情一下子全部抹掉。宋代朱熹《五朝名臣言行录》卷七:"公取班簿,视不才监司,每见一人姓名,一笔勾之。"

尸

　　"尸"是一个特殊的字源，今天我们把"尸"当作尸体、死尸来使用，其实在古代，"尸"的含义并不是这样。古代有一种风俗，祭祀祖先的时候要有一个人来扮演死者，这个扮演的人就称为"尸"。所以"尸"字的形象是一个代表祖先接受祭祀的人——一个屈膝坐在那里的人形。从"尸"的来源造出了一个非常有意思的成语"尸位素餐"，因为"尸"象征着死去的神灵，所以在祭祀的仪式上，"尸"只用享受祭祀而不用去做事，后来就用"尸位"来比喻占着位置不做事。"尸位素餐"就是占着位置不做事，白吃饭的意思。

niào

笔画 7画
部首 尸
结构 半包围

"尸"的字形是一种人形，所以从"尸"得出的字多数和人的身体有直接的关系，如"屎""尿"等字。"尿"字，最初就是画了一个人在撒尿的形象，后来改成了上面是"尸"，表示人的身体，下面是"水"，表示排出的液体。

● 汉字的演变过程

甲骨文　　篆书

● 汉字与成语典故

屁滚尿流　形容极其惊恐而狼狈不堪的样子。清代吴敬梓《儒林外史》："和尚听了，屁滚尿流慌忙烧茶、下面。"

人体篇 31

尺 chě/chǐ

笔画　4画
部首　尸
结构　独体

"尺"是古代度量单位，古人在表示度量单位的时候最早都是用自己的身体部位来衡量的。金文的"尺"字，就像一个站立着的人，在她的小腿上做了一个标记，表示小腿的高度是一尺，后来把人体写作"尸"，就形成了"尺"的字形。

● 汉字的演变过程

| 金文 | 篆书 | 隶书 |

● 汉字与成语典故

得寸进尺　得到一寸就想再进一尺，比喻贪欲无止境。清代平步青《霞外攟屑·彭尚书奏折》："得寸进尺，得尺进丈，至于今日，气焰益张。"

lǚ

笔画 15画
部首 尸
结构 半包围

"履"字，上面画了一个人，下面的左边，我们今天写作"彳"，"彳"其实跟人没有关系，它是画了半个十字路口，是"行"的一半；下半部分的右边上面是一个"舟"，在这里表示像船一样的鞋，底下是一只脚的形象，连在一起就表示一个人穿着像船一样的鞋子在街上行走，所以"履"的本义是行走，后来一般用来表示鞋子。

● 汉字的演变过程

篆书　　隶书

● 汉字与成语典故

如临深渊，如履薄冰　临：面临。履：踩。好像面临深渊，好像行走在薄冰上。比喻处于危险境地，心存戒惧，非常谨慎。《诗经·小雅·小旻》："战战兢兢，如临深渊，如履薄冰。"

女

甲骨文的"女"字写作 ，像一个女子两个胳膊向后交叉跪坐在地上，女性一般主持家里的家务，所以"女"字是一个在家里安安静静跪坐的形象。

"女"的本义是女性，从"女"得出的字大多和女性有关，如"妈妈""姐姐""奶奶""婆婆""姑娘"，都是对不同女性的称呼。也有不少带"女"的字用于形容人的动作和状态，如"好"字。

还有一些带"女"的字表示邪恶或坏的意思，比如"奸""婪""妒""妄""妖"等字，这些字都带着"女"，反映了古代人们对女性的偏见。

好

hǎo / hào

笔画 6 画
部首 女
结构 左右

"好"字，一边是女性的形象，表示母亲，另一边是小孩子的形象，整体来看，这是一个女子在生育孩子。古人非常重视后代的传承，衡量女子的一个非常重要的标准就是看她能不能生儿育女，女子能生孩子就叫作"好"，后来泛指一切的美好。

● 汉字的演变过程

甲骨文	金文	篆书	隶书

● 汉字与成语典故

笃志好学 笃：忠实，专一。这个成语的意思是专心致志，勤奋好学。《后汉书·侯霸传》："笃志好学，师事九江太守房元。"

人体篇

姓

xìng

笔画 8画
部首 女
结构 左右

"姓"字也和女性的生育有关系，在母系氏族社会，只承认生育孩子的女性是自己的祖先，同一个部落就是同一个女性祖先生下孩子一代代传承下来组成的，部落和部落之间由名姓和号来进行区分，这个名姓和号后来就叫作"姓"。

● 汉字的演变过程

甲骨文	金文	篆书	隶书

● 汉字与成语典故

隐姓埋名 隐瞒自己的真实姓名，不让别人知道。元代王子《刘晨阮肇误入桃源》第一折："因此上不事王侯，不求闻达，隐姓埋名，做庄家学耕稼。"

qī/qì

笔画　8画
部首　女
结构　上下

"妻"字，甲骨文字形是用手在抓着一个女子头发的形象。古代有些部落盛行抢婚制，男子成年之后娶妻是到别的部落里抢回女子，"妻"字就是这样一种风俗的反映。"妻"的本义是妻子，男子的女性配偶。

● 汉字的演变过程

甲骨文	金文	篆书

● 汉字与成语典故

糟糠之妻　与丈夫共吃糟糠的妻子。指共过艰苦生活的妻子。这个成语出自《后汉书·宋弘传》："（帝）因谓弘曰：'谚言贵易交，富易妻，人情乎？'弘曰：'臣闻贫贱之知不可忘，糟糠之妻不下堂。'"

人体篇

nú

笔画 5画
部首 女
结构 左右

"奴"字，左边是一个"女"，右边是一个"又"。"又"在甲骨文中是一只手的形象，人在工作的时候主要用手。把一个女子的形象和手合在一起，表示用手工作的奴隶。"奴"的本义即辛苦工作的奴隶。

● 汉字的演变过程

| 金文 | 篆书 | 隶书 |

● 汉字与成语典故

奴颜婢膝 婢：婢女。像奴婢似的卑躬屈膝、低声下气。形容谄媚讨好、奴性十足的嘴脸和丑态。东晋葛洪《抱朴子·交际》："以奴颜婢睐者，为晓解当世。"

fù

笔画 6画
部首 女
结构 左右

"妇"的本义是已经结婚的女子，这个用法和今天差不多，今天我们所说的"妇女"一词指的就是结婚的女子。这个字造字的字形也能很好地显示出这个特点，"妇"最初的字形左边是一个女性的形象，右边是一只手拿着扫把的样子，女子在结婚之后就要主持家务，用拿扫把的形象来表示做家务，用主持家务的女性表明这是一个已经结婚的女子。

● 汉字的演变过程

篆书　隶书

● 汉字与成语典故

妇人之仁　仁：仁慈。这个词指妇女的软心肠。旧时轻视妇女的说法，指处事姑息优柔，不识大体。《史记·淮阴侯列传》："项王见人恭敬慈爱，言语呕呕，人有疾病，涕泣分食饮，至使人有功当封爵者，印刓弊，忍不能予，此所谓妇人之仁也。"

母

　　"母"这个字源是从"女"变化而来的，整体仍然是一个跪坐的女子，但在胸前加了两点，像女性的两个乳房，表示给孩子喂奶的妈妈。

　　"母"的本义是母亲，直接由"母"构成的汉字并不太多，"保姆"的"姆"在"母"的基础上加了一个"女"字，表示照料孩子的妇女，算是代替了母亲的部分职能，是直接从"母"分化出来的一个字。

wú 毋

笔画 4画
部首 毋
结构 独体

"毋"和"母"本来是一个字，因为母亲在孩子面前最有权威，所以母亲可以限制孩子不能做某事，因此"母"可以表示禁止。后来把"母"字变了一下，写成"毋"，专门表示不许、禁止的意思。

● 汉字的演变过程

甲骨文　　篆书

● 汉字与成语典故

宁缺毋滥　毋：不要。也作"勿"。滥：过多。宁可暂缺，也不能降低标准凑数。《左传·襄公二十六年》："善为国者，赏不僭而刑不滥……若不幸而过，宁僭无滥。"

人体篇

měi

笔画　7画
部首　母
结构　上下

甲骨文的"每"像一个跪坐在地上的女子，头上戴着羽毛之类的装饰，后来加了两点，变成了"母"字，强调的是成年的妇女，本义是女子头上戴的头饰很美。

● 汉字的演变过程

| 甲骨文 | 金文 | 篆书 | 隶书 |

● 汉字与成语典故

每况愈下　愈：更。况：甚。指情况越来越不好。宋代洪迈《容斋续笔·蓍龟卜筮》："人人自以为君平，家家自以为季主，每况愈下。"

毓

yù

笔画 14画
部首 母
结构 左右

"毓"是"育"的另外一种写法，最初的形象非常象形，左边是一个戴着头饰的妈妈，右边是一个头朝下的婴儿，表示一个妈妈在生孩子。所以"毓"的本义是生育孩子。把"毓"写得简单一点，只画出了孩子的形象，底下加上"月"，表示跟人的身体有关，这个简单的字形就是今天的"育"——表示生育和诞生。

● 汉字的演变过程

| 甲骨文 | 篆书 | 隶书 |

● 汉字与成语典故

钟灵毓秀 钟：凝集，集中。毓：同"育"，产生，养育，孕育。这个成语的意思是凝聚了天地间的灵气，孕育了优秀而有才华的人物。指山川秀丽，人才辈出。宋代程节斋《水调歌头》："参军妇，贤相敌，古来无。钟奇毓秀，应是积善庆之余。想见珠庭玉角，表表出群英物，我已预知渠。"

匕

　　"匕"在甲骨文中写作𐆘，像一个跪拜的人，表示柔顺的女子，它的本义是女性。古代还有一个字画了一个盛饭用的饭勺，这个字形也写作了"匕"，所以"匕"还表示饭勺。因此，带"匕"的字就有了两种来源：一种来自于女性，和人有关系；还有一种来自于饭勺，和饮食用具有关。

bǐ

笔画 4画
部首 比
结构 左右

"比",两个人离得很近,它的本义是靠近。唐代诗人王勃《送杜少府之任蜀州》中有名句"天涯若比邻",意思是虽然远隔天涯,但就像住得很近的邻居一样。靠在一起的东西便于比较,后来引申出了比较的意思。

● 汉字的演变过程

| 甲骨文 | 金文 | 篆书 | 隶书 |

● 汉字与成语典故

比肩而立　比:并列。肩并肩地站立。形容距离很近或人数很多。西汉刘向《战国策·齐策三》:"寡人闻之,千里而一士,是比肩而立;百世而一圣,若随踵而至。"

人体篇

běi

北

笔画 5画
部首 —
结构 左右

"北"是画了两个人背靠背的形象，所以"北"的本义是背部。后来这个意思用"背"字来表示。从背靠背，引申为背离、反方向。古代打了败仗叫"败北"，本来是向前冲，打败了就扭头向后跑，所以"败北"一词指跟原来的方向相背离。古人盖房子喜欢对着南方——光线比较充足，所以南方是正方向，和南方相背的方向就叫北方，北方的意思就是从背离引申出来的。

● 汉字的演变过程

| 甲骨文 | 金文 | 篆书 | 隶书 |

● 汉字与成语典故

南橘北枳 长在南方叫橘，长在北方就叫枳。比喻同一物种因生长环境不同而发生变化。《晏子春秋·内篇杂下》："橘生淮南则为橘，生于淮北则为枳，叶徒相似，其实味不同。所以然者何？水土异也。"

zhǐ

笔画 6画
部首 匕
结构 上下

"旨"字，最初的形象上面是一个勺子，下面是一个口，表示把好吃的东西放进嘴里，所以"旨"的本义是指食物的味道甘美、好吃。文章或话里包含的意思，后来也叫作"旨"，我们今天常说的"主旨""旨趣"就是文章的思想的意思；"旨"在古代还常常用来表示上级的意见，尤其是皇帝的意见，皇帝的命令叫做"圣旨"。

● 汉字的演变过程

甲骨文	金文	篆书

● 汉字与成语典故

言近旨远 言辞浅显而含意深远。《孟子·尽心下》："言近而指（旨）远者，善言也。"

子

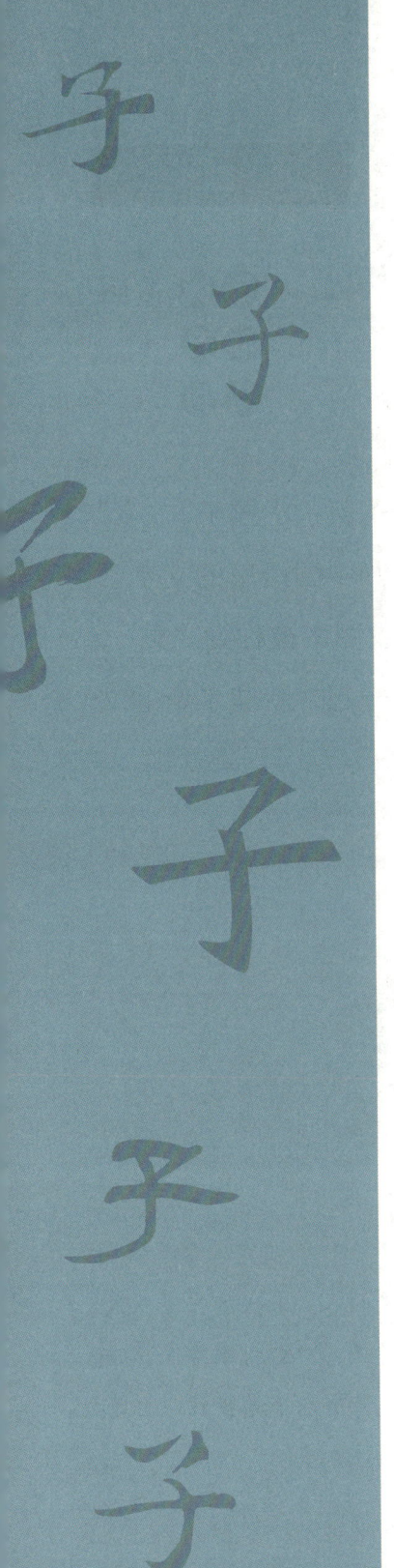

　　"子"甲骨文写作 ，是画了一个有头发、有囟门的初生婴儿。后来字形发生了变化，变成了一个大头娃娃举着两只胳膊，底下的身体没有分开的形象，这个样子像婴儿在襁褓之中。最后又把上面的头发省略，就成了今天的"子"的形象。从"子"造出来的字一般和孩子或小有关。

zì

笔画 6画
部首 宀
结构 上下

"字",上面的"宀"表示房子,底下的"子"表示小孩子,"字"的本义是生育孩子,从生育引申为抚养、培育。中国最早的文字都是对自然界形象的描绘,所以这些画出来的花纹图案被称为"文",这是最初的象形字,后来把这些"文"组合在一起,就成了新的文字,称为"字"。

● 汉字的演变过程

金文　　篆书

● 汉字与成语典故

一字之师　指修改作品关键字句使质量升华的有水平的人。宋代陶岳《五代史补》:"郑谷在袁州府,齐己携诗诣之。有《早梅》诗云:'前村深雪里,昨夜数枝开。'谷曰:'"数枝"非早也,未若"一枝"。'齐己不觉投拜。自是士林以谷为一字师。"

人体篇

qì

笔画　7画
部首　廾
结构　上下

"弃"字，上面是一个倒着的婴儿，孩子底下是两只手，这个形象表示用两只手把孩子扔出去，"弃"的本义是抛弃、不要了。

● 汉字的演变过程

| 甲骨文 | 金文 | 篆书 | 隶书 |

● 汉字与成语典故

前功尽弃　功：功绩。尽：完全，全部。弃：丢掉。以前取得的成绩，完全丢失。也指以前的努力完全白费。这个成语出自《战国策·西周策》："一攻而不得，前功尽灭，不若称病不出也。"

jiāo / jiào

笔画 11画
部首 夂
结构 左右

　　"教"字的右边是一个手拿着教鞭的形象，表示老师或者长辈，左下部是孩子的形象，表示小孩，左上部的形象"爻"表示古代的算筹，也就是算数用的小木棍，整个字形合在一起，就是老师在教孩子学习数学知识。"教"的本义是督促、教育孩子学习。

● 汉字的演变过程

| 甲骨文 | 金文 | 篆书 | 隶书 |

● 汉字与成语典故

教学相长　教和学双方相辅相成，相互促进。后多指老师和学生之间相互促进，共同提高。《礼记·学记》："是故学然后知不足，教然后知困。知不足然后能自反也，知困然后能自强也，故曰教学相长也。"

人体篇 | 51

xué

笔画　8画
部首　子
结构　上下

　　"学"字甲骨文字形上面一左一右画了两只手,中间是算数用的小木棍,往下是房子。到了金文中,房子里面又加了个"子"。整个字形合在一起,表示一个孩子在屋里用手来摆弄算数用的小木棍,像是在做数学题,所以"学"的本义是学习、接受教育。

● 汉字的演变过程

| 甲骨文 | 金文 | 篆书 | 隶书 |

● 汉字与成语典故

学而不厌　厌:满足。学习总感到不满足,指好学上进。《论语·述而》:"默而识之,学而不厌,诲人不倦,何有于我哉!"

老

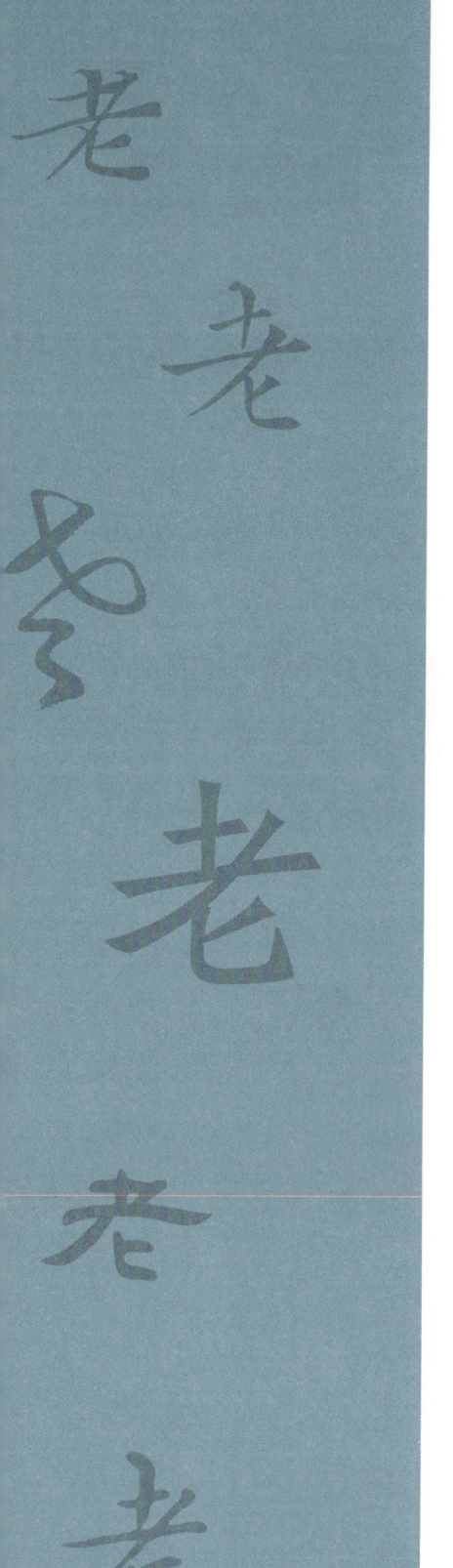

　　"老"字最初的形象是 🧍, 像一个老人手拄着拐杖, 这个形象强调老人身上两个非常重要的特点: 一是头发很长, "身体发肤, 受之父母", 古代人不剪头发, 所以老人的头发是最长的。二是老人走路不方便, 所以要拄手杖, 因此画出了老人的手杖。

　　"老"字作偏旁一般省去了下面部分, 只保留上面的一半, 写作"耂", 叫作老字头。从"老"造出的字多跟人的年龄大有关系。

人体篇 53

kǎo

笔画 6画
部首 耂
结构 半包围

"考"的字形本来和"老"是一样的,甲骨文的字形上面是长着长头发的样子,下面是挂着的拐杖。"考"的本义也和"老"一样,指年龄大。古代有"寿考"一词,指的是寿命长、年纪大。从年纪大引申为父亲,后来"考"只用来称呼过世的父亲,古代称死去的父亲为"先考",称死去的母亲为"先妣"。

● 汉字的演变过程

| 甲骨文 | 金文 | 篆书 | 隶书 |

● 汉字与成语典故

如丧考妣 考妣:父母。像死了父母一样。形容极其悲痛。这句话出自《尚书·舜典》:"二十有八载,帝乃殂落,百姓如丧考妣。"

xiào 孝

笔画 7画
部首 耂
结构 上下

"老"和"子"组合在一起就成了"孝"。"孝"字最早的字形像一个孩子搀扶着老人,表示年轻人要赡养、奉养老人。由这个意思引申为晚辈在尊长去世后要在一定时期内遵守的礼俗,后又引申指孝服。

● 汉字的演变过程

| 甲骨文 | 金文 | 篆书 | 隶书 |

● 汉字与成语典故

孝子贤孙 指有孝心、有德行的子孙。元代刘唐卿《降桑椹》第五折:"圣人喜的是义夫节妇,爱的是孝子贤孙。"

shòu

笔画 7画
部首 寸
结构 半包围

"寿"字最早的字形上面画了一个老人的形象，下面是弯弯曲曲的田地的纹路，这个田地的纹路古代读作 chóu，既表示声音也表示意义，老人头上的皱纹就像是田地里的纹路一样曲折，一个老人加上弯弯曲曲的皱纹，合在一起表示年龄大。后来又加上一些修饰的部分，就写成了繁体字"壽"。

● 汉字的演变过程

| 金文 | 篆书 | 隶书 |

● 汉字与成语典故

寿比南山 如同终南山那样长久的寿命，一般用来祝贺人长寿。《诗经·小雅·天保》："如月之恒，如日之升；如南山之寿，不骞不崩。"

长

"长"字在甲骨文中写作 ![字形]，和"老"字一样，最初的字形都是长着长头发的老人拄着拐杖的形象，但是"长"更加突出他的长发，所以"长"有两种含义：一个读作 zhǎng，是年龄大的意思，和"老"的本义基本上是相同的，"年长"就是年龄大，"长者"指老人；还有一个音读作 cháng，用头发长来表示一个东西很长，"长"的繁体字"長"还能够看出上面的一部分是头发很长的样子，简化之后，这点就看不出来了。

在组字的时候，"长"有时候也写作"镸"，如"套""鬃"，里面的字形就是繁体的"长"字变化之后的写法。从"长"造出来的字一般和长或者大等意义有关。

张 zhāng

笔画　7画
部首　弓
结构　左右

　　"张"的左边是"弓"，表示与弓箭有关，右边的"长"表示拉长、拉大，两部分合在一起表示把弓拉开，所以"张"的本义是拉开弓。拉开弓弦是"张"，把弓弦放开就叫"弛"，有个成语叫作"一张一弛，文武之道"，意思是说，人做事情不能够总是太紧张，要懂得休息，劳逸结合，其中"张"就是紧张、忙碌的意思。

● 汉字的演变过程

篆书　　隶书

● 汉字与成语典故

改弦更张　改：改变。更：变换。张：给乐器上弦，使其声音和谐。这个成语的意思是更换、调整乐器上的弦，以使声音和谐。一般用来比喻改革方针、政策或者方法、方向。成语出自董仲舒《贤良策》："窃譬之琴瑟不调，甚者必解而更张之，乃可鼓也。"

zhàng

帐

笔画 7画
部首 巾
结构 左右

"帐"字左边的"巾"是一种布,"帐"字指打开挂起来的布。后来由"帐"创造出了新字"账","贝"是古代的钱币,带"贝"的字一般都和钱有关系,所以现在关于货币、货物出入的记载叫作"账"。"帐"字现用来指用布、纱或绸子等做成的遮蔽用的东西。

● 汉字的演变过程

篆书

● 汉字与成语典故

运筹帷帐 指在后方决定作战策略。《史记·高祖本纪》:"夫运筹策帷帐之中,决胜于千里之外,吾不如子房(张良)。"

人体篇 59

bìn

鬓

笔画 20画
部首 髟
结构 上下

"长"本来的形象是长头发的样子,"髟"表示头发下垂的样子,这个字形一般不单独使用,它组成了很多和毛发有关的词语,"鬓"是指脸庞靠近耳朵的头发,上面的"髟"表意,下面的"宾"表示声音。

● 汉字的演变过程

篆书　　隶书

● 汉字与成语典故

耳鬓厮磨 鬓:鬓角,指面颊两旁近耳的头发。厮:互相。摩:擦。这个成语指耳贴耳,鬓擦鬓,形容关系亲密无间的样子。清代曹雪芹《红楼梦》第七十二回:"咱们从小儿耳鬓厮磨,你不曾拿我当外人待,我也不敢怠慢了你。"

欠

　　"欠"写作 ![字形], 非常像一个人张开大嘴在吹气, 下面是跪着的人, 上面是他张开的大嘴, 所以"欠"最早的意思是打哈欠, 这个意思我们今天都还在用。打哈欠的时候身体要微微向上抬起, 所以身体微微抬起也叫作"欠", 如"欠身施礼"一词, 就是抬起身子来施礼的意思。把气呼出去之后气就会不足, 所以"欠"又表示缺乏、缺少, 如"欠缺""欠佳"。借了别人的钱如果还没有还, 就是让别人的钱减少了, 所以"欠"还表示借人的东西还没有还。

人体篇　61

chuī

吹

笔画　7画
部首　口
结构　左右

用"欠"组成的字一般都和张口或者缺少有关系。打哈欠其实就是吹气，再加上一个"口"，所以"吹"字的本义是强调用嘴巴向外吹气。

● 汉字的演变过程

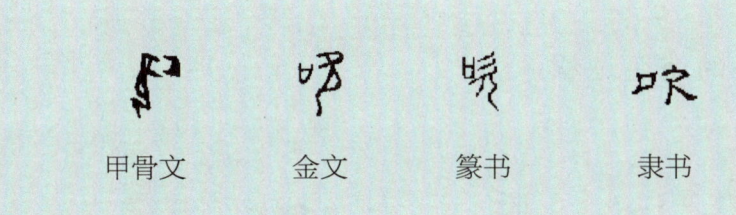

| 甲骨文 | 金文 | 篆书 | 隶书 |

● 汉字与成语典故

吹毛求疵　疵：疵点，小毛病。求：寻找。吹开皮上的细毛，去寻找疵点。比喻故意挑剔缺点，寻找差错。《韩非子·大体》："不吹毛而求小疵，不洗垢而察难知。"

炊 chuī

笔画 8画
部首 欠
结构 左右

以前做饭都是烧柴,想要火烧得更旺一些,可以向火里面吹气,有时候火眼看要灭了,一吹气又点着了,这个科学原理我们今天都知道:空气里有燃烧需要的氧气,一吹气氧气就更多了,火就能烧得更旺。既然吹气和烧火做饭有这么密切的关系,就造出了"炊"字,专门用来表示烧火做饭,如"炊事班""炊具"。

● 汉字的演变过程

篆书　隶书

● 汉字与成语典故

巧妇难为无米之炊　炊:做饭。再聪明能干的妇女,没有米也做不出饭来。比喻缺少必要条件难以成事。南宋陆游《老学庵笔记》卷三:"晏景初尚书请僧住院,僧辞以穷陋不可为。景初曰:'高才固易耳。'僧曰:'巧妇安能作无面汤饼乎?'景初曰:'有面则拙妇亦办矣。'僧惭而退。"

人体篇

xīn

笔画 8画
部首 欠
结构 左右

"欠"是张开口的样子,还可以表示开口笑,加上"斤"表示读音,就成为"欣"字,所以"欣"是喜悦的意思。从人的喜悦,引申为草木的长势喜人,生长茂盛,所以就有了"欣欣向荣"这个词。

● 汉字的演变过程

篆书　　隶书

● 汉字与成语典故

欢欣鼓舞　欢欣:欢乐,兴奋。鼓舞:振奋。形容非常高兴、振奋。北宋苏轼《上知府王龙图书》:"自公始至,释其重荷……是故莫不欢忻(欣)鼓舞之至。"

huān

笔画 6画
部首 欠
结构 左右

"欢"字，我们今天使用的简化字左边是"又"，其实在古代，左边部分是"雚"字，读作 huán，这本来是一个典型的形声字，左边表示读音，右边表示含义，"欠"是开口笑的意思，所以"欢"就是快乐的意思。

● 汉字的演变过程

篆书

● 汉字与成语典故

悲欢离合 表面意思是悲伤、欢乐、别离、团聚，泛指生活的种种境遇和心情。北宋苏轼《水调歌头·丙辰中秋兼怀子由》词："人有悲欢离合，月有阴晴圆缺，此事古难全。"

人体篇

欲 yù

笔画　11画
部首　欠
结构　左右

"欲"，右边的"欠"是缺少的意思，"谷"指山谷比较空旷，也表示空虚、缺少。"欲"是因为自己没有所以想要，"欲望"一词就是自身缺少某种东西而想要的意思。

● 汉字的演变过程

篆书　　隶书

● 汉字与成语典故

畅所欲言　畅：畅快，尽情。欲：想要，希望。言：要说的话。这个成语的意思是痛痛快快地把想要说的话都说出来。北宋黄庭坚《与王周彦长书》："纸穷不能尽所欲言。"

kǎn

笔画 7画
部首 土
结构 左右

"坎"字左边是"土",右边是"欠","欠"指缺少,在"土"里缺了一块,就是土地坑坑洼洼,所以"坎"的本义就指地面坑洼的地方。由本义引申为困窘的处境。

● 汉字的演变过程

篆书

● 汉字与成语典故

坎井之蛙 坎:地面地陷处。坎井:浅井。浅井里的青蛙,比喻见识浅陋的人。《庄子·秋水》:"子独不闻夫坎井之蛙乎?谓东海之鳖曰:'吾乐与!出跳梁乎井干之上,入休乎缺甃之崖……且夫擅一壑之水,而跨跱坎井之乐,此亦至矣。夫子奚不时来入观乎!'"

疒

　　"疒"在古代读作 nè，它最初的形象很直观，像是一个人生了病在床上躺着，表示生病的意思，这个字一般不单独使用，只是用作偏旁来组字。表示人生病的字一般都由"疒"来组成，人对自己的身体是非常关注的，所以带"疒"的字很多，它的组字能力非常强。

bìng

笔画 10画
部首 疒
结构 半包围

"病"和"疾"是两个表示疾病的常用字，我们今天一般连起来用。这两个字在古代是有区别的，"病"是形声字，"疒"是形旁，"丙"字表示读音，本义是生重病、生大病，病的程度比"疾"重。

● 汉字的演变过程

篆书　　隶书

● 汉字与成语典故

病入膏肓　膏肓：古代医学把心尖脂肪叫膏，心脏和隔膜之间叫肓，认为"膏肓"是药力达不到的地方。病情已深入到膏与肓的部位，指病情严重，已无法救治。用来比喻问题严重，无法挽救。《左传·成公十年》："疾不可为也，在肓之上，膏之下，攻之不可，达之不及，药不至焉，不可为也。"

人体篇

jí

笔画 10画
部首 疒
结构 半包围

"疾"这个字的来源稍微复杂一些,它本来的形象是一支箭射到了一个人身上,左边是"大",即一个成人的形象,右边是"矢",即射到他身上的箭,后来这个字写成了"疾"。"疾"在古代表示小病。比如,"病且死"指病得要死的样子,不能改成"疾且死"。后来"疾"和"病"合在一起,统一指所有的病。"疾"最初来源于用箭射人,箭的速度很快,所以它又有速度快和猛烈的意思。

● 汉字的演变过程

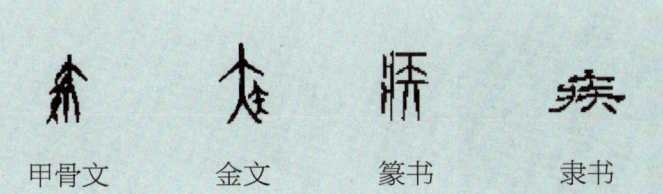

| 甲骨文 | 金文 | 篆书 | 隶书 |

● 汉字与成语典故

奋笔疾书 奋笔:用力地挥动笔杆。疾:快速地。书:写。意指迅速而有力地挥笔书写。宋代刘克庄《题方汝一班史赞后》:"或隐匿未彰,而奋笔直书;或一语之乖谬,或一行之诇曲,虽其人之骨已朽,必绳以《春秋》之法,读之使人汗出。"

身

"身"是一个常见字,我们今天主要把它当作身体来使用。它最早的字形㊗,是一个腹部隆起的人形,本义是指怀孕的妇女,这个意义直到今天还在使用,我们仍然把怀孕叫作有身孕。因为怀孕时人的身体特别突出,所以后来就用"身"来表示一个人的身体,从"身"造出的字并不太多,它们大多和人的身体有关。

人体篇

躯

qū

笔画　11画
部首　身
结构　左右

"躯"字,"身"表示身体,"区"表示声音,也表示一定的意义。"躯"的繁体字写作"軀",它的结构表示在弯曲的容器里盛着一些东西,所以"躯"可以表示弯曲。人的整个身体躯干是弯曲的,有一定的幅度,所以"躯"可以表示整个身体。

● 汉字的演变过程

篆书　　隶书

● 汉字与成语典故

捐躯报国　躯：身体。舍弃身体,报效国家。《元史·王楫传》："(楫对曰)臣以布衣受恩,誓捐躯报国；今既偾军,得死为幸！"

躬

gōng

笔画 10 画
部首 身
结构 左右

"躬"的右边是射箭的弓，它的形状是弯曲的，这里表示弯曲。"躬"的本义是身体、自身，这个意义保留在很多词语里，"鞠躬"就是弯着身子，表示恭敬。一个人恭恭敬敬地做事，就像弯着身子一样，就是"鞠躬尽瘁"这个词。"躬"还表示亲自、亲身的意思，诸葛亮《出师表》中有："臣本布衣，躬耕于南阳。""躬耕"就是亲自种地的意思。

● 汉字的演变过程

金文	篆书	隶书

● 汉字与成语典故

反躬自省 躬：自身。省：检查。反过来检查自身。《礼记·乐记》："不能反躬，天理灭矣。"《论语·里仁》："见贤思齐焉，见不贤而内自省也。"

人体篇

射

shè

笔画 10画
部首 身
结构 左右

"射"字形里带着"身",却和身体没有任何关系,这个字里的"身"是从其他字形演变过来的。"射"最初的字形是画了一支箭搭在弓上,像是要射出去的样子。后来为了表示用手来射箭,又画出了一只手,最后左边变成了"身",右边保留了"手"的形状,写成了"寸",就成了今天的字形。

● 汉字的演变过程

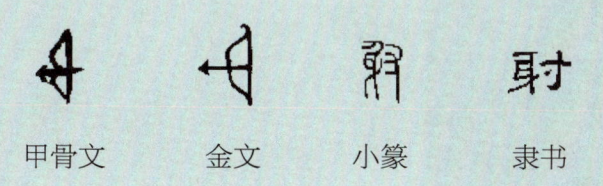

甲骨文	金文	小篆	隶书

● 汉字与成语典故

含沙射影 传说有一种叫"蜮"的动物在水中生活,闻到人声即喷沙害人。比喻暗地里诽谤、中伤或攻击他人。东晋干宝《搜神记》卷十二:"汉光武中平中,有物处于江水,其名曰蜮,一曰短狐,能含沙射人,所中者,则身体筋急,头痛发热,剧者至死。"南朝宋鲍照《代苦热行》:"含沙射流影,吹蛊病行晖。"

矢、夭

　　这两个都是用人的形象扭曲造出来的基本字源，根据它们造出来的字并不是太多。"矢"，读作 zè，是人歪着脑袋的形象，本义是头部倾斜。"夭"是人歪着脑袋，弯曲着身体的样子，它的本义指跳舞的时候身体弯曲，所以"夭"有弯曲的意思。

人体篇

wú

笔画　7画
部首　口
结构　上下

今天的"吴"下面写作"天",其实最早造字的时候并不是这样的。"吴"原来的字形,上面是"口",下面是"矢",这个形象像一个人张着嘴,舞动着身体在唱歌跳舞,它本来的意思是一个人在歌舞娱乐。后来"吴"主要被当作国名和姓,就造了个"娱"字来表示娱乐。

● 汉字的演变过程

| 甲骨文 | 金文 | 篆书 |

● 汉字与成语典故

吴牛喘月　吴牛:指产于江淮一带的水牛。吴地水牛见月疑是日,因惧怕酷热而不断喘气。比喻因疑心而害怕。汉代应劭《风俗通义·佚文》:"吴牛望月则喘,使之苦于日,见月怖,亦喘之矣。"

xiào 笑

笔画　10画
部首　⺮
结构　上下

"笑"是由"夭"造出来的比较常用的字。上面的"⺮"是竹子，下面的"夭"表示身体弯曲，风吹竹子，竹子就会摇动，人在笑的时候跟竹子被风吹动的样子很像，所以笑的本义是欢笑、欢喜。

● 汉字的演变过程

篆书

● 汉字与成语典故

贻笑千古　贻笑：见笑。千古：长远的年代。指不光彩的行为、事情一直流传，永远被人讥笑。东晋戴逵《放达为非道论》："外眩嚻华，内丧道实，以矜尚夺其真主，以尘垢翳其天正，贻笑千载，可不慎欤！"

人体篇　77

qiáo

笔画　6画
部首　丿
结构　上下

在篆书中,"乔"的字形上面是"夭",表示弯曲,下面是"高"的省略,所以"乔"的本义是高而弯曲,就是又高又弯的意思。"乔"有个常用的词语叫"乔木",就是指高大的树木。

● 汉字的演变过程

篆书　　隶书

● 汉字与成语典故

乔迁之喜　乔:乔木,枝干高大的树木。乔迁:指鸟儿飞离幽谷,迁移到高大的树木上去。多用来贺人迁居。《诗经·小雅·伐木》:"伐木丁丁(zhēng zhēng),鸟鸣嘤嘤;出自幽谷,迁于乔木。"

交

　　"交"是从伸展开来的人的身体所变出来的基本字源，"交"的字形，其实是画了一个人，只不过不是两腿张开，而是两腿交叉的形象，因而"交"字多表示交叉、交错。

jiǎo 绞

笔画 9画
部首 纟
结构 左右

从"交"造出来的字很多都和交叉有关系。"绞"是"纟"加上"交","纟"在这里表示绳子,"绞"的意思是把两股以上的条状物扭在一起,又引申为握住条状物的两端同时向相反方向转动,使受到挤压。另外"绞"还有勒死、吊死的意思,如"绞架""绞刑"。

● 汉字的演变过程

篆书

● 汉字与成语典故

绞尽脑汁 绞:挤压。形容费尽心机。老舍《四世同堂·偷生》三七:"唯其如此,他才更能显出绞尽脑汁的样子,替他思索。"

胶 jiāo

笔画 10画
部首 月
结构 左右

"胶",左边的"月"一般表示肉,和动物的皮肉有关,右边的"交"表示粘在一起,"胶"是用动物的皮熬出来的能够黏合的物质。有一味著名的中药是用驴皮熬出来的,所以叫阿胶。后来不一定是动物皮来熬制了,只要是能够黏合的物质都可以叫做"胶"。

● 汉字的演变过程

篆书　　隶书

● 汉字与成语典故

如胶似漆　像胶和漆粘结在一起。形容关系极为亲密,彼此难分难舍。《古诗十九首·客从远方来》:"以胶投漆中,谁能别离此。"

人体篇

jiào

笔画 10画
部首 车
结构 左右

"较"左边的"车"表示和车有关,"较"字最初的含义是车子木板上的钩子,但是后来它表示两个东西相互比较。"比较"就是交互交错,其实这个意义来源于"交",和车上木板的钩子并没有关系。

● 汉字的演变过程

篆书　　隶书

● 汉字与成语典故

斤斤计较　斤斤:本指看得清清楚楚的样子,引申为琐碎的小事。形容过分计较琐细的或无关紧要的事物。《花月痕》第四十九回:"你的权重事多,这琐屑也不合大将军斤斤计较,我专派红豆办此事罢。"

校

jiào / xiào

笔画　10画
部首　木
结构　左右

"校"字最初读作 jiào，左边的"木"表示用木头制成，"校"最初的含义是犯罪的人脖子上戴的木枷。这个意义并不常用，古代一般用它来表示相互比较，词语"校勘""校正"，就是相互比着改正的意思。表示学校的含义是从"教"那里演变来的，只有在表示学校这个意思时才读作 xiào。

● 汉字的演变过程

篆书　　隶书

● 汉字与成语典故

犯而不校　犯：触犯。校：计较。别人侵犯、欺侮了自己也不计较。这个成语出自《论语·泰伯》："（曾子曰）有若无，实若虚，犯而不校，昔者吾友尝从事于斯矣。"

页

　　"页",今天常用作量词,比如"一页书",它怎么会和人的身体有关系呢?"页"最初的形象是🧑,就是一个人顶着一个大脑袋,强调人的头部,"页"的本义就是人的头。带"页"的字大多跟头有关。

xié/yè

笔画 5画
部首 口
结构 左右

"叶"最初写作"葉",上面是草字头,表示跟植物有关系,下面是一棵树上长出的叶子的形象,这个字表示树叶,是"叶"字本来的写法。叶子是一片一片的,书的内文用纸做成,也是一片一片的,所以就用"葉"来表示书里面的一页纸,后来人们觉得"葉"写起来比较麻烦,就用"叶"来代替它,现在变成了"页"。

● 汉字的演变过程

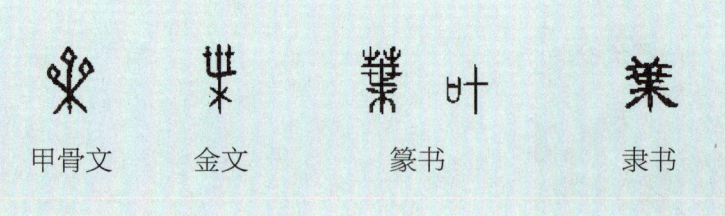

甲骨文	金文	篆书	隶书

● 汉字与成语典故

一叶知秋 看见一片落叶便知道秋天即将来临。比喻能根据细微的迹象判断事物的发展趋势。这个成语出自《淮南子·说山训》:"以小明大,见一叶落,而知岁之将暮;睹瓶中之冰,而知天下之寒。"

须 xū

笔画 9画
部首 页
结构 左右

"须",只画了一个人,嘴上长了胡须,今天字形里的这三撇,仍然像胡须的样子。"须"的本义即指长在下巴上的胡子。现在,我们也常用作助动词,如"必须"。

● 汉字的演变过程

金文　篆书　隶书

● 汉字与成语典故

巾帼须眉　巾帼:古代妇女的头巾和发饰,借指妇女。须眉:胡须、眉毛,借指男子、大丈夫。这个成语意指性格豪爽有大丈夫气概的女子。清末民初长篇小说《孽海花》:"(筱亭夫人)容貌虽说不得美丽,却气概丰富,倜傥不群,有巾帼须眉之号。"

dǐng

笔画 8画
部首 页
结构 左右

"顶"字是形声字，指头的顶部，"丁"表示读音，"页"表示和头有关。现在也用来指物体最高的部分，由顶部的意思又引申出用头或角撞击、支撑、顶撞等动作。

● 汉字的演变过程

篆书

● 汉字与成语典故

灭顶之灾　灭顶，水漫过头顶。被水淹没的灾难。比喻毁灭性的灾难或事件。这个成语出自《周易·大过》："过涉灭顶，凶，无咎。"

人体篇

烦

fán

笔画　10画
部首　火
结构　左右

"烦"，是头上冒火，表示头脑像火一样热，一个人头疼、苦闷、急躁，就像是脑袋冒了火一样的感觉。由烦闷、厌烦这个意思又引出多、杂乱的意思，如"烦杂"。另外，这个字也常用于表示客气，如"烦劳""有事相烦"。

● 汉字的演变过程

篆书　　隶书

● 汉字与成语典故

不胜其烦　事情烦杂琐碎、使人难以承受。卢求《成都记序》："朝野之士，多寄声写录，主兹务者，不胜其烦。"

领

lǐng

笔画 11 画
部首 页
结构 左右

"领",表示脖子的这个意义今天还很常用,像"领带""领结""红领巾",都是戴在脖子上的,衣服上围着脖子那部分叫衣领。由本义引申出大纲、要点、带领、引领等意思。

● 汉字的演变过程

篆书　　隶书

● 汉字与成语典故

提纲挈领 纲:鱼网的总绳。挈:提起。领:衣领。抓起鱼网的总绳,提起衣服的领子。比喻抓住关键,简明扼要。《荀子·劝学》:"若挈裘领,诎五指而顿之,顺者不可胜数也。"

人体篇

项

xiàng

笔画 9画
部首 工
结构 左右

"项"表示脖子，骆宾王写的《咏鹅》中有"曲项向天歌"一句，"曲项"就是弯着脖子，这个字的字形也是从"页"造出来的。

● 汉字的演变过程

篆书　　隶书

● 汉字与成语典故

项背相望　项：颈项。背：脊背。原指前后相顾。后来也指行人连续不断。宋代张世南《游宦纪闻》卷四："今之年少，弄笔墨取科第者，项背相望。"

tóu

笔画 5画
部首 大
结构 独体

"头"最早的字形是"頭","页"表示头,"豆"表示读音,这是一个典型的形声字,后来根据"头"的草书字形把它简化成了今天的形象。

● 汉字的演变过程

篆书　　隶书

● 汉字与成语典故

头头是道　道家和佛家语,指处处都存在着道。后用来形容说话、做事条理清楚,道理充分,面面俱到。南宋严羽《沧浪诗话》:"学诗有三节:其初不识好恶,连篇累牍,肆笔而成;既识羞愧,始生畏缩,成之极难;及其透彻,则七纵八横,信手拈来,头头是道矣。"

目

"目"的字形 最初是一只完整的眼睛形象,后来眼睛画得简略了一点,变成 ,中间的眼珠画成了两条线,再把这个字形竖起来就成了今天的"目"字。带"目"的字一般和人的眼睛有关系。"目"一般是竖起来写,横着写的"目"有些表示眼睛,有些是从"网"变过来的。

眼

yǎn

笔画 11画
部首 目
结构 左右

"眼"和"睛"这两个字都是用"目"造出来的，右边的字形表示读音。古代把眼睛叫作"目"，严格来讲"眼"和"睛"是有区别的，"眼"是指眼的整体，而"睛"只是指眼珠。

● 汉字的演变过程

篆书

● 汉字与成语典故

眼明手快 眼光锐利，动作敏捷。形容人能及时发现问题，迅速处理。明代《清平山堂话本·快嘴李翠莲记》："我今年小正当时，眼明手快精神爽。"

kān/kàn

笔画　9画
部首　目
结构　半包围

"看"的字形，上面是"手"，下面是"目"，表示用手来遮住外部强烈的光线，这个动作一般向远处看的时候才会有，所以"看"的本义是远望，远远地看。

● 汉字的演变过程

篆书

● 汉字与成语典故

青眼相看　青：黑。正视时，眼珠在眼睛中间，叫青眼；斜视时多见眼白，叫白眼。这个成语的意思是指正眼看待人，指对人特别重视、喜爱。元代丁鹤年《奉寄武昌南山白云老人》："青眼相看如昔日，只有南山与故人。"

máng

笔画　8画
部首　目
结构　上下

"盲"的结构上面是"亡","亡"表示没有,没有视力就是眼睛失明,看不见。由本义引申为缺乏某方面常识、能力的人,如"文盲""色盲"。

● 汉字的演变过程

甲骨文　　篆书

● 汉字与成语典故

盲人摸象　佛经故事,几个盲人用手摸象,摸到不同的部位说大象像不同的东西。这个成语用来比喻看问题不全面,以点代面。成语出自《大般涅槃经》三二:"其触牙者,即言象形如芦菔根;其触耳者,言象如箕;其触头者,言象如石;其触鼻者,言象如杵;其触脚者,言象如木臼;其触脊者,言象如床;其触腹者,言象如瓮;其触尾者,言象如绳。"

相

xiāng/xiàng

笔画 9画
部首 木
结构 左右

"相"字，是眼睛加上一棵树，这个形象好像是用眼睛认真地观察一棵树，所以，仔细地看、观察就叫作"相"。从仔细观察引申为辅佐、帮助，皇帝手下最重要的大臣是皇帝的帮手，也叫作"相"，就是后来我们说的"丞相"。

● 汉字的演变过程

甲骨文	金文	篆书	隶书

● 汉字与成语典故

相濡以沫 鱼困在缺水的地方，相互吐沫以弄湿各自的身体，可是一到江湖里就彼此相忘，谁也不顾谁了。比喻在困境之中以微薄的力量相互救助。成语出自《庄子·大宗师》："泉涸，鱼相与处于陆，相呴以湿，相濡以沫，不如相忘于江湖。"

臣

"臣"最初的字形是 🦴，和"目"差不多，不过是把眼睛竖起来画。这个竖着的眼睛并不表示眼睛，而是表示一种人。在古代战争中被抓获的俘虏，要跪在地上磕头表示臣服，人在站着的时候眼睛是横向的，在跪着磕头的时候眼睛却是竖向的，所以"臣"就表示被抓住的臣服的俘虏和奴隶。奴隶要给人干活，为皇帝服务的官员，也叫作"臣"，所以后来"臣"就成了官吏的代称。

人体篇 97

临

lín

笔画 9画
部首 丨
结构 左右

"临"字，最初的字形是一个人低着头向下看三个东西，古代"三"代表多，三个东西就代表很多物体，所以"临"的本义是俯视、向下看。后来"临"又引申为临近、面对等意思，这个字形在繁体字里还保留着最初的形态，到了简化字，眼睛变成了两道竖线。

● 汉字的演变过程

| 金文 | 篆书 | 隶书 |

● 汉字与成语典故

临渊羡鱼 面对江河想得到水中的鱼。比喻只空想而无行动。《淮南子·说林训》："临河而羡鱼，不如归家织网。"《汉书·董仲舒传》："临渊羡鱼，不如归而结网。"

监

jiān/jiàn

笔画　10画
部首　皿
结构　上下

　　"监"最初的字形是一幅生动的梳洗打扮的图画,好像一个人跪在一个大水盆面前向下仔细看。人类最初没有镜子,要想看看自己的脸是不是干净,头发乱不乱,就在水里照自己的影子,所以"监"的本义是用盆里的水照镜子。照镜子要仔细看,于是就有了监察、监视的意思,把人放到牢房里监管起来,这种牢房就叫监狱,这些含义都是从照镜子一步步发展出来的。

● 汉字的演变过程

| 甲骨文 | 金文 | 篆书 | 隶书 |

● 汉字与成语典故

监守自盗　盗窃自己所负责看管的财物。清代李绿园《歧路灯》:"总之,少了谷石,却无案卷可凭,这就是监守自盗的匮空。"

人体篇

jiàn 鉴

笔画　13画
部首　金
结构　上下

　　后来人们用铜做出来更好的镜子，大家就不再用水来照镜子了，表示镜子的意思就改造出一个新字，把下面的部首换成"金"，表示用金属制造，这就是"鉴"。"鉴"的本义是用铜做的镜子，鉴赏、鉴别、借鉴，都是从人照镜子、仔细看引申出来的意义。北宋有一本著名的史书叫《资治通鉴》，这里的"鉴"就指借鉴，像镜子一样，可以用来检查自己。

● 汉字的演变过程

| 金文 | 篆书 | 隶书 |

● 汉字与成语典故

光可鉴人　鉴：照。光亮如镜，可以照见人影。形容十分光滑明亮。《左传·昭公二十八年》："昔有仍氏生女，鬒黑而甚美，光可以鉴。"

huàn

笔画 9画
部首 宀
结构 上下

"宦"的结构，上面的"宀"表示房子，下面的"臣"表示臣服的奴隶。两部分合在一起表示在家里干活的奴仆，后来表示在宫里侍奉的官，又专指太监，"宦官"就是对太监的另外一种称呼。"宦"也指一般的官吏，王勃在《送杜少府之任蜀州》中写道："与君离别意，同是宦游人。"其中"宦游"就是出外做官的意思。

● 汉字的演变过程

金文	篆书	隶书

● 汉字与成语典故

宦海风波 宦海：官场，仕途。指官吏为争夺功名富贵而升迁谪降，如在风浪中起伏不定。南宋陆游《休日感化》："宦海风波实饱经，入将人世寄邮亭。"

耳

　　"耳"字，甲骨文写作🙂，是画了一只耳朵的形象，后来字形一步步发生了变化，金文写作🙂。到了今天的字形已经不太像耳朵的样子了。从"耳"造出来的字一般和耳朵、听或者说有关系。

wén

笔画　9画
部首　门
结构　半包围

"闻"字，里面的"耳"表示与听有关，"门"表示读音，"闻"的本义是听见，如"耳闻目睹""喜闻乐见"。听到声音跟嗅到气味的情况有些类似，都是感官，所以后来又用"闻"表示嗅到气味。

● 汉字的演变过程

甲骨文	金文	篆书	隶书

● 汉字与成语典故

博闻强识　博：广博。闻：见闻。识：记。这个成语的意思是见闻广博，记忆力强。《荀子·解蔽》："博闻强志，不合王制，君子贱之。"《礼记·曲礼上》："博闻强识而让，敦善行而不怠，谓之君子。"

lóng

笔画 11画
部首 龙
结构 上下

"聋"字，"耳"是形旁，与听力有关，上面的"龙"表示字的读音，"聋"表示听力不好，听觉迟钝。

● 汉字的演变过程

金文　篆书　隶书

● 汉字与成语典故

振聋发聩　指发出很大的响声，使耳聋的人也能听见，比喻高明的言论能使麻木的人觉醒。清代袁枚《随园诗话补遗》："此数言，振聋发聩，想当时必有迂儒曲士以经学谈诗者。"

qǔ

笔画 8画
部首 耳
结构 左右

"取","又"是手的形象,"耳"是耳朵,这个字形是用手拿着耳朵的形象。古代打猎或打仗的时候有一种非常残酷的计算方法,就是割下禽兽或者敌人的一只耳朵,根据耳朵的多少来记功,所以"取"的本义是割下左耳,引申为取得、获得。

● 汉字的演变过程

| 甲骨文 | 金文 | 篆书 | 隶书 |

● 汉字与成语典故

断章取义 断:截取。章:篇章。指截取某篇文章中的一部分,以表达自己的意思。后用来指不顾全篇文章或整个谈话的内容,孤立地摘取其中的一段或一句。这个成语出自《左传·襄公二十八年》:"赋《诗》断章,余取所求焉。恶识宗?"

声 shēng

笔画　7画
部首　士
结构　上下

"声"，在甲骨文的字形里，上面是一个手拿着鼓槌敲着一种乐器、石器，下面是一只耳朵在听，这个形象表示的是敲击出声音来让耳朵听。"声"的本义是声音，这个字形在简化字里去掉了耳朵，去掉了手拿乐器的样子，只剩下吊着的乐器，变成了今天的字形。

● 汉字的演变过程

| 甲骨文 | 篆书 | 隶书 |

● 汉字与成语典故

大声疾呼　疾：迅速而急切。大声而急促地呼喊，以引起人们的注意。唐代韩愈《后十九日复上宰相书》："其既危且亟矣，大其声而疾呼矣，阁下其亦闻而见之矣，其将往而全之欤，抑将安而不救欤？"

tīng

笔画 7画
部首 口
结构 左右

"听",这个字在古代的结构比较复杂,左边一个耳朵,右边是"德"的简略写法,与心有关,表示心领神会,听懂了。"听"的本义是用耳朵来接收声音,在简化字里,借用了"斤"的字形来表示,"斤"的本义是开口笑。

● 汉字的演变过程

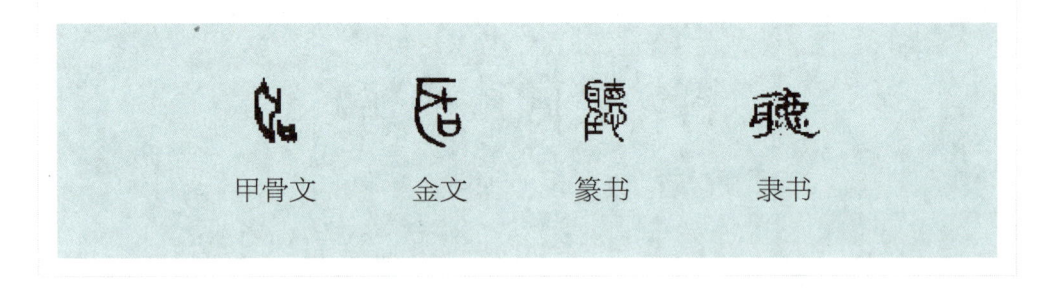

| 甲骨文 | 金文 | 篆书 | 隶书 |

● 汉字与成语典故

道听途说 路上听来的又在路上传播出去,指没有根据的传闻。《论语·阳货》:"道听而涂(途)说,德之弃也。"

自

　　"自",最初的字形写作 𦣹,是画了一个鼻子的形象,所以"自"的本义是鼻子,因为人常用手指着鼻子来表示自己,所以"自"又引申为自己的意思。人们在观察世界万物的时候是以自己为出发点,所以又引申为从,自古至今,自上而下,"自"都表示从的意思。

　　因为"自"后来主要表示其他的含义,所以又造了一个新字"鼻"来表示鼻子,上面的"自"表示鼻子,下面这一部分是"畀",表示字的读音。从"自"造出来的汉字并不太多,一般与鼻子有关。

臭

chòu/xiù

笔画　10画
部首　自
结构　上下

　　"臭"字有两个读音，我们今天最常用的意思是不好闻的味道——臭味，这时读作 chòu。其实在古代最早它是指所有的味道，读作 xiù。上面的"自"表示鼻子，"犬"表示狗，在动物里面，狗的嗅觉是最灵敏的，所以用狗的鼻子来表示闻味道辨别气味，"臭"的本义就是辨别气味。

● 汉字的演变过程

| 甲骨文 | 篆书 |

● 汉字与成语典故

臭名远扬　扬：张扬，传播。坏名声传播得很远。《宋书·刘义真传》："案车骑将军义真，凶忍之性，爰自稚弱，咸阳之酷，丑声远播。"

人体篇 109

息

xī

笔画 10画
部首 自
结构 上下

　　"息"的字形，上面是鼻子，表示呼吸的时候进出的气。古人认为气息是从心里发出来的，所以下面是"心"。一个人在喘气，象征着他有生命，所以"息"又引申为生长繁育，如"休养生息"；又因为喘气经常会停止，这个字有了停止的意思，如"休息""息怒"等词。

● 汉字的演变过程

| 金文 | 篆书 | 隶书 |

● 汉字与成语典故

川流不息　川：河流。息：停止。像河流那样流个不停。原用来比喻时光永无休止地流逝，后多形容车船行人往来不断。成语出自《论语·子罕》："子在川上曰：'逝者如斯夫！不舍昼夜。'"隋代侯白《启颜录》："酒则川流不息，肉则似兰斯馨。"

臬

niè

笔画　10画
部首　自
结构　上下

　　"臬"的本义是射箭的箭靶子，箭靶子是用木头做成的，所以带"木"。射箭时射箭的人如果能够让自己的鼻子和靶心对准就可以射中，所以用"自"和"木"组合在一起表示箭靶子。"臬"是一个高高竖起的靶子，后来又把古代测量太阳影子的标杆叫作"臬"，和测量的尺子合在一起称为"圭臬"。

● 汉字的演变过程

甲骨文　篆书

● 汉字与成语典故

　　奉为圭臬　圭臬：即圭表。我国古代天文仪器，圭是石座上平放着的尺，臬是立于圭上南北两端的标杆，用来测日影。后比喻事物的准则。成语意指以某人的言论、学说等作为信奉的唯一准则。清代钱泳《履园丛话》："三公者（刘文清、梁山舟、王梦楼），余俱尝亲炙，奉为圭臬，何敢妄生议论。"

口

"口"的字形最初是 🙂,是一张人嘴的形状,从人的嘴引申指一切的进口和出口。从"口"造出的字一般和人的嘴或者东西的出口有关。口是人身上非常重要的器官,尤其是它有说话的功能,所以带"口"的字非常多。先看几个表示嘴的动作的字,比如,"吃""喝""味""含""呼""吸""叹""唱""吹";还有各种各样表示声音的字也常常带着"口",比如,"哗啦""咚""咣""噌""嘟";还有一些表示语气的词,比如,"呢""吗""啊""吧""呀""呗"。

gǔ

笔画 5画
部首 十
结构 上下

"古"的字形上面是"十",表示很多,最初在原始社会里没有文字,古代的事情是通过长辈们用嘴讲述出来的,所以十张嘴表示十辈子的人,十辈子的人一代一代传承下来的往事,离现在已经很遥远了,所以"古"的本义指很久以前,离现在很远的时候。

● 汉字的演变过程

| 金文 | 篆书 | 隶书 |

● 汉字与成语典故

博古通今 博:渊博,见识多。通:通晓。广博地通晓古今之事,形容知识丰富。这个成语出自《孔子家语·观周》:"吾闻老聃博古知今,通礼乐之原,明道德之归,则吾师也。"

xiàng 向

笔画 6画
部首 口
结构 半包围

"向"字，甲骨文的字形是画了一个窗户，外面是一个房子的形象，古代的房子都是面南背北，南面是门，北面是窗户，所以"向"的本义是朝北的窗户。《诗经》里有"塞向墐户"一句，就是到了冬天要把朝北的窗户给堵上，免得漏风的意思。窗户朝着正北方，所以后来把朝向、面对也叫作"向"。

● 汉字的演变过程

甲骨文　　金文　　篆书　　隶书

● 汉字与成语典故

向隅而泣 隅：墙角。泣：小声地哭。原指一个人对着墙角哭泣。后用来形容得不到机遇而孤独失望。汉代刘向《说苑·贵德》："今有满堂饮酒者，有一人独索然向隅而泣，则一堂之人皆不乐矣。"

kè

笔画 9画
部首 宀
结构 上下

"客"字，"口"上面加了一个房子，表示从外面到屋子里来的人，所以"客"的本义是宾客，外来的人。

● 汉字的演变过程

金文　篆书　隶书

● 汉字与成语典故

杜门谢客　谢：谢绝。关闭大门，谢绝来客。指不与外界来往。南宋陆游《老学庵笔记》："唐大夫如白居易辈，盖有遇此三斋月，杜门谢客，专延缁流作佛事者。"

huí

笔画 6画
部首 口
结构 全包围

有些"口"的字形是从其他的形象变过来的，不一定是和嘴或出口有关，比如"回"字。"回"是一个河流里面漩涡的样子，后来字形慢慢变成了外面一个大口，里面一个小口。

● 汉字的演变过程

甲骨文	金文	篆书	隶书

● 汉字与成语典故

不堪回首 堪：忍受。回首：回头，引申为回顾、回忆。不忍回顾或回忆过去的情景、经历。唐代戴叔伦《哭朱放》："最是不堪回首处，九泉烟冷树苍苍。"

言、音

"言"和"音"本来是同一个字分化出来的,它们在甲骨文中写作 ,下面是舌头,上面是在舌头上做了一个标记,这个标记表示的是舌头上发出的声音,说出的话。后来金文字形里面,舌头上又加了一些装饰。也有人认为这个字形是嘴里吹着乐器的形象,这里我们采用舌头上说的话这种说法,因为它的字形和舌是非常像的,所以"言"的本义是说。

"音"是从"言"分化出来的字,它的字形只是在"口"的里面加了一个符号,这个符号只是为了区分,并不表示含义。"音"的本义是声音,和"言"的意思基本上是一样的。

语言和说话都是人非常重要的行为,所以从"言"造出的字非常多,在今天的简化字里"言"作偏旁"讠",这是从草书简化而来的,我们今天把它叫作言字旁。

人体篇

biàn

笔画 16画
部首 辛
结构 左中右

"辩"字，"言"在中间，两边是两把刑刀的形象，表示剖开、分开，把语言分开，让人产生分歧的语言就是争辩、辩论，所以"辩"的本义是争辩、辩论。

● 汉字的演变过程

篆书　　隶书

● 汉字与成语典故

百口莫辩　莫：不能。辩：辩白，解释。纵然有一百张嘴也辩解不了。形容不容分辩，有委屈难以申诉。宋代刘过《建康狱中上吴居父》："虽有百口而莫辩其辜。"

fá 罚

笔画 9画
部首 罒
结构 上下

"罚"字，上面是"罒"，表示法网。下面的左边是"言"，表示说话，右边是"刂"，在这里表示刑法。上下合在一起表示由于言语触犯了法网，所以要受惩罚。"罚"的本义是罪过、过错，也表示惩治、处罚。

● 汉字的演变过程

| 金文 | 篆书 | 隶书 |

● 汉字与成语典故

信赏必罚 信：真实不欺。有功必赏，有过必罚。指赏罚分明。《韩非子·外储说右上》："信赏必罚，其足以战。"

yì

笔画 13画
部首 心
结构 上下

"意"的结构，下面是"心"，上面是"音"，"音"表示声音，合在一起表示心里面的声音，所以"意"的本义是心思、心中的想法。

● 汉字的演变过程

篆书　　隶书

● 汉字与成语典故

意气风发　意气：意志气概。风发：比喻奋发或昂扬。形容精神振奋，气概昂扬。三国魏曹植《魏德论》："武皇之兴也，以道凌残，义（意）气风发，神戈退指。"

yùn

笔画 13 画
部首 音
结构 左右

"韵"的字形左边是"音",表示声音,右边是"匀",表示平均。声音有节奏感就叫作有韵律,所以"韵"的本义是和谐的声音。我国古代的诗歌都押韵,所以"韵"是好听的声音,在字形里就带着"音"字。

● 汉字的演变过程

篆书

● 汉字与成语典故

遗风余韵 前人遗留下来的风教和韵致。《朱子全书·治道一》:"此古之君子,所以成尊主庇民之功于一时,而其遗风余韵,犹有称思于后世者也。"

甘

　　"甘"最早的字形是 ⊌，口里含着一点东西，它的本义是甜美、美味，后来引申为乐意、情愿。鲁迅的诗句"横眉冷对千夫指，俯首甘为孺子牛"，是指疼爱自己的孩子，愿意给孩子当作牛来骑。用"甘"造出来的字一般与甘甜、美味有关，不少用"甘"作声音符号的形声字表示含着的意思。

甜 tián

笔画　11画
部首　舌
结构　左右

"甜"是直接从"甘"分化出来的字,"甘"的意思是甜美、美味,再加上"舌",表示用舌头来品尝味道,所以"甜"的本义是甜味,像糖或蜜一样的滋味。

● 汉字的演变过程

篆书

● 汉字与成语典故

酸甜苦辣　指各种味道,比喻幸福欢乐、痛苦磨难种种遭遇。清代李绿园《歧路灯》:"无非为衣食奔走,图挣几文钱,那酸甜苦辣也就讲说不起。"

甚

shén/shèn

笔画 9画
部首 一
结构 上下

"甚"字金文中上面是"甘",下面是"匕"——表示勺子,整个字形指用勺子把美味的东西放到嘴里。一个人总是吃好吃的东西,就特别快乐,所以"甚"的本义是过分的快乐、过度的享受,后来指一切的过分、厉害。

● 汉字的演变过程

| 金文 | 篆书 | 隶书 |

● 汉字与成语典故

不求甚解　甚:十分,非常。泛指读书只领会要旨,不过于在字句上花功夫。后指不深入领会,只停留于一知半解。东晋陶潜《五柳先生传》:"好读书,不求甚解;每有会意,便欣然忘食。"

钳

qián

笔画 10 画
部首 钅
结构 左右

"甘"的形象是嘴里含着东西,所以带"甘"的字有含着的意思,"钳"字指把东西夹在中间,也指夹东西的用具,如老虎钳。由本义引申出夹住、约束的意思,如"钳制"。

● 汉字的演变过程

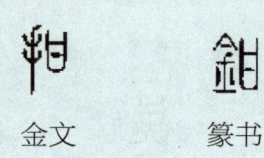

金文　　篆书

● 汉字与成语典故

钳口结舌　钳口:闭口。结:打结。形容闭紧了嘴不说话。汉代王符《潜夫论·贤难》:"此智士所以钳口结舌,括囊共默而已者也。"

曰

"曰"这个字源最早的字形是 㫺，是在"口"上加一道线，表示张口说话的意思，所以"曰"的本义是说话，用"曰"造的字多和说话有关系。这个意思在古代非常常用，《论语》里孔子说的话叫"子曰"。"曰"造的字并不太多。我们要注意区分"曰"和"日"的写法，"日"在现代汉字里是竖长形，"曰"是扁形，但是在组字的时候，"日"也经常写成扁形，如"晨""暑"。

昌 chāng

笔画 8画
部首 日
结构 上下

"昌"的字形上面是"日",表示光明、明亮,下面是"曰",表示开口说话,合在一起表示光明正大的言辞,从美好的言辞引申为美好、兴盛。

● 汉字的演变过程

篆书　　隶书

● 汉字与成语典故

昌歜(chù)**羊枣**　周文王喜欢吃昌歜,曾皙喜欢吃羊枣。两个典故连用,指人的嗜好古怪,各有不同的癖好。北宋苏轼《答李端叔书》:"不肖为人所憎,而二子独喜见誉,如人嗜昌歜羊枣,未易诘其所以然者。"

人体篇

沓

dá/tà

笔画 8画
部首 水
结构 上下

"沓"字由"水"和"曰"组成,"曰"表示说话,合在一起表示一个人的废话很多,就像流水一样滔滔不绝。"沓"的本义是话多,引申为纷乱、纷沓,松懈。

● 汉字的演变过程

篆书　　隶书

● 汉字与成语典故

纷至沓来 纷:众多。沓:再、重复。形容人或事连续不断地到来。宋代朱熹《答何叔京》六:"夫其心俨然肃然,常若有所事,则虽事物纷至而沓来,岂足以乱吾之知思,而宜不宜、可不可之几,已判然于胸中矣。"

齿

　　"齿"的甲骨文字形写作▨，是一张大嘴里有很多牙齿的形状，金文写作▨，是在甲骨文字形的上面加上一个"止"来表示读音，慢慢就变成了繁体字形"齒"，里面还有一些牙齿的形象。在简化字里面，牙齿的形象简化成了一个人形。"齿"的本义是门牙，后来指所有的牙齿，用"齿"造出来的字大多和牙齿有关。

　　在古代，牙和齿是不同的，"牙"表示大牙，"齿"表示门牙，后来"牙"和"齿"合在一起，称为牙齿，统一指所有的牙。

人体篇 129

líng

笔画　13画
部首　齿
结构　左右

　　"龄"字是形声字，"令"表示读音，"齿"是形旁，表示年龄的意思。人的牙齿会随着年龄而发生变化，从婴儿时期没有牙齿到渐渐长出一两颗，后来又换牙，到老了牙齿又会松动脱落，所以可以用"齿"来表示年龄。

● 汉字的演变过程

篆书　　　隶书

● 汉字与成语典故

百龄眉寿　眉寿：长寿。祝人高寿的颂辞。唐代虞世南《琵琶赋》："愿百龄兮眉寿，重千金之巧笑。"

龀

chèn

笔画　10画
部首　齿
结构　左右

"龀"字的结构左边是"齿"，表示和牙齿有关，右边读作huà，是"化"最早的字形，它的形象像一个人倒过来的样子，用倒过来的人形表示变化。两个字形合在一起，表示牙齿发生变化，即换牙。《愚公移山》中，说邻居家的小孩儿"始龀，跳往助之"，"始龀"就是指他刚刚开始换牙，年龄还很小。

● 汉字的演变过程

篆书

● 汉字与成语典故

髫龀之年　髫：指儿童下垂的头发。龀：指儿童换齿。这个成语的意思是指儿童垂发换牙的年龄。唐代白居易《观儿戏》："髫龀七八岁，绮纨三四儿。弄尘复斗草，尽日乐嬉嬉。"

冎

　　"冎"读作 guǎ，是骨架的形象，最早的字形是骨架相互支撑的样子。这个形象后来变成了两个字——"冎"和"另"，"另"是"冎"的另一种写法。

gū/gǔ

笔画 9画
部首 骨
结构 上下

"冎"上加一块肉，表示肉附在骨头上，这就成了我们今天所用的"骨"字。"骨"是从"冎"产生出来的字，用"冎"或"骨"造出来的字大多和骨头有关系。

● 汉字的演变过程

篆书　　隶书

● 汉字与成语典故

骨肉离散　比喻亲人分散，不能团聚。《诗经·唐风·杕杜》小序："杕杜，刺时也。君不能亲其宗族，骨肉离散，独居而无兄弟。"

人体篇

bié/biè

别

笔画 7画
部首 刂
结构 左右

"别"字左边是骨架的形象，右边是"刀"，后来骨架写成"另"字，这个形象表示用刀来剔骨头上的肉。"别"的本义是分离骨和肉，引申为分离、分开。

● 汉字的演变过程

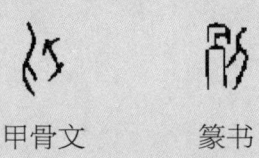

甲骨文　　篆书

● 汉字与成语典故

别出心裁　别：另外。心裁：心中的裁断，指构思策划。成语意指构思策划独具一格，与众不同。清代吴庆坻《蕉廊脞录》卷五："先生乃别出心裁，发凡起例，推陈出新，为同事诸人所骇。"

歹（歺）

"歹"这个字源，现在读作 dǎi，如"歹徒""好歹"，但是在古代它读作 è。"歹"字甲骨文写作 ，像剔去肉之后的骨头形象，里面的小点表示剩下的碎屑，所以它的本义是剔去精肉之后的残骨。这个字最早的写法是"歺"，后来才写成"歹"字。用"歹"造的字一般和死亡、残骨有关。

人体篇

sǐ

笔画 6画
部首 歹
结构 半包围

"死"字甲骨文的写法左边是枯骨，右边是一个人的形象，像一个人跪在枯骨面前哀悼死者，所以"死"的本义是死亡。

● 汉字的演变过程

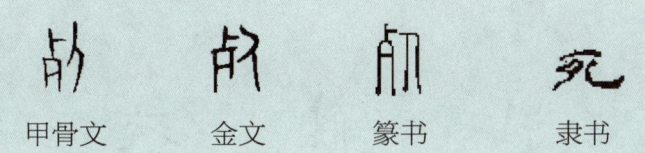

| 甲骨文 | 金文 | 篆书 | 隶书 |

● 汉字与成语典故

舍生忘死 不顾生命，忘记了死亡。形容不顾生命危险，把个人的生死置之度外。元代关汉卿《邓夫人苦痛哭存孝》第二折："说与俺能争好斗的番官，舍生忘死家将，一个个顶盔摜甲，一个个押箭弯弓。"

cán 残

笔画 9画
部首 歹
结构 左右

"残"的字形右边是两个"戈","戈"是古代打仗常用的兵器,两个"戈"在一起就是相互伤害,再加上一个枯骨,表示和死亡有关。"残"的本义是伤害,后来引申为残缺、不完整。

● 汉字的演变过程

| 甲骨文 | 篆书 | 隶书 |

● 汉字与成语典故

苟延残喘 苟延:勉强延续。残喘:临死前残存的喘息。指勉强维持生存。也比喻事物勉强存在下去。北宋欧阳修《与韩忠献王》:"遽来居颖,苟存残喘,承赐恤问,敢此勉述。"

人体篇

cān

笔画　16 画
部首　歺
结构　上下

　　"餐"字上面部分是一只手在敲碎骨头,右半边是一只"手",左半边的"歹"是骨头,下面是"食",合在一起表示把食物弄碎之后吃下去。"餐"的本义是吃,后来表示饭食,也表示饮食的次数,一顿饭就叫一餐。

● 汉字的演变过程

篆书　　隶书

● 汉字与成语典故

风餐露宿　在风中吃饭,在露天住宿。形容旅途或野外生活的艰苦。宋代范成大《元日》诗:"饥饭困眠全体懒,风餐露宿半生痴。"

肉

"肉"字在甲骨文中写作 𠕄，是一块完整的瘦肉形象，外面是一块肉，里面是瘦肉的条纹，所以"肉"的本义是动物的肉或者人的肌肉。古代这个字形因为和"月"很像，所以在作偏旁时与"月"混在了一起，叫作肉月旁。它是汉字常用的一个偏旁，用"肉月"造出来的字与肌肉或者身体的部位有关系，比如"脸""脖""胸""肚""腰""腹"，内脏"肺""胃""肝""肠""肾"等。

人体篇　139

kuài

笔画 10画
部首 月
结构 左右

"脍"的结构左边是"肉"，右边的"会"表示读音，读作kuài，"脍"的本义指一种切得很细的肉或鱼。

● 汉字的演变过程

篆书

● 汉字与成语典故

脍炙人口　脍：切细的肉。炙：烤。原指美味人人爱吃。后用来比喻好的诗文，人人称赞传诵。《孟子·尽心下》："公孙丑问曰：'脍炙与羊枣孰美？'孟子曰：'脍炙哉！'"宋代杨绘《时贤本事曲子集·欧阳修》："欧阳文忠公，文章之宗师也。其于小词，尤脍炙人口。"

gāo/gào

笔画　14画
部首　月
结构　上下

"膏"字的上半部分表示读音，下面是"肉"。"膏"的本义是肥肉或者脂肪。

● 汉字的演变过程

甲骨文　篆书

● 汉字与成语典故

焚膏继晷　膏：油脂，指点灯用的油。晷：日光。点上油灯以接替日光照明。形容夜以继日地工作或学习。唐代韩愈《进学解》："焚膏以继晷，恒兀兀以穷年。先生之业，可谓勤矣。"

人体篇　141

duō

笔画　6画
部首　夕
结构　上下

"多"字的形象是两块肉叠放在一起，表示数量多。"多"的本义是数量大，与少相对，后来这两块肉被误写成两个"夕"字。

● 汉字的演变过程

| 甲骨文 | 金文 | 篆书 | 隶书 |

● 汉字与成语典故

诡计多端　诡计，狡诈的计谋。狡诈的计谋多种多样。指坏主意很多。明代罗贯中《三国演义》第一百一十七回："（诸葛绪曰）维诡计多端，诈取雍州；维恐雍州有失，引兵去救，维乘机走脱。"

手

"手"是人身上非常重要的组成部分，征服自然、改造自然的大多数动作都是靠手来完成的，所以从"手"造出来的基本字源有很多。

用一只手的形象造出来的字有"手""扌""又""寸"等，用这些偏旁造出来的字多与手的动作有关。在字形里出现最多的是提手旁，例如，"打""提""推""按""扬""抱"等。

人体篇 143

zuǒ

笔画 5画
部首 工
结构 半包围

　　"左"字上面是一只手，下面的"工"表示工具，合起来表示手拿着工具。工具是人劳动的辅助手段，所以"左"的本义是帮助、辅佐。"佐"字最初写作"左"，后来用"左"来表示左手，另外造了"佐"字表示辅佐。

● 汉字的演变过程

| 金文 | 篆书 | 隶书 |

● 汉字与成语典故

　　左右逢源　逢：遇到。源：水源。随处可以得到水源。后用以泛指做事得心应手，顺利无阻。也比喻办事圆滑。《孟子·离娄下》："君子深造之以道，欲其自得之也。自得之，则居之安；居之安，则资之深；资之深，则取之左右逢其原，故君子欲其自得之也。"

huī

笔画 6画
部首 火
结构 半包围

"灰"字上面是"手",下面是"火",表示火烧掉之后剩下的东西,即灰烬。"灰"的本义是燃烧后产生的灰烬,引申为消沉、沮丧,现在常用"灰心"一词来表示沮丧。

● 汉字的演变过程

篆书　　隶书

● 汉字与成语典故

心灰意冷　灰:消沉,失望。灰心失望,意志消沉。清代吴樾《与妻书》:"吾知其将死之际,未有不心灰意冷。"

yǒu

笔画 4画
部首 又
结构 半包围

"友"是会意字,它的字形是两只手握在一起,表示做朋友,所以"友"的本义是朋友。后又引申为互相合作,给予帮助或支持。

● 汉字的演变过程

| 甲骨文 | 金文 | 篆书 | 隶书 |

● 汉字与成语典故

莫逆之友 莫逆:没有违逆。彼此都不违逆的朋友。指情投意合,没有猜嫌的知心朋友。《庄子·大宗师》:"四人相视而笑,莫逆于心,遂相与为友。"

shǒu

笔画 6画
部首 宀
结构 上下

"寸"是画了一只手,在手腕上做了一个标记,表示这是离手掌一寸的寸口,因此在字形里有些带手的部分,后来就写成了"寸"。"守"字,上面的"宀"是房子,底下的"寸"表示手,合在一起表示用手保护房子。"守"的本义是保护、守卫。

● 汉字的演变过程

金文　篆书　隶书

● 汉字与成语典故

抱残守缺　抱:守住不放。残、缺:陈旧的东西。指死守着残缺、陈旧的东西不肯放弃。形容不肯放弃旧思想旧事物,排斥新思想新事物。汉代刘歆《移书让太常博士》:"犹欲保残守缺,挟恐见破之私意,而无从善服义之公心。"

人体篇

fù

笔画 5画
部首 亻
结构 左右

"付"字左边是"人",右边是"手",合起来是用手给人东西,所以"付"的本义是交给、交付。

● 汉字的演变过程

金文　　篆书　　隶书

● 汉字与成语典故

付之一炬　炬:火。这个成语的意思是用一把火烧光。成语出自唐代杜牧《阿房宫赋》:"楚人一炬,可怜焦土。"宋代范成大《石湖诗集》:"清贫往往被鬼笑,付与一炬相揶揄。"

xiū

笔画　10 画
部首　䒑
结构　半包围

"羞"字下面是手拿的东西,上面是"羊",手举着羊头祭祀祖先和神灵,所以"羞"的本义是进献。当它表示羞愧时,是一个假借义。"羞"字在古代的常用意思是美味、好吃的东西,后来造了"馐"字来代替。

● 汉字的演变过程

| 甲骨文 | 金文 | 篆书 | 隶书 |

● 汉字与成语典故

闭月羞花　闭:躲藏、掩藏。使月亮躲藏,使花儿羞惭。形容女子貌美。宋代无名氏《错立身》二出:"看了这妇人,有如三十三天天上女,七十二洞洞中仙,有沉鱼落雁之容,闭月羞花之貌。"

爪（爫）

"爪"（zhǎo），在口语里面也读作zhuǎ，我们今天把禽兽动物的脚叫作"爪"（zhǎo），比如鸡爪、猫爪。"爪"字甲骨文写作 ，像一个人的手指向下抓东西。"爪"的本义是抓取，也表示手的意思，后来主要表示动物的脚掌。用"爪"造出来的字多和人手的动作有关，和动物没有直接关系。"爪"作偏旁一般写作"爫"。

shòu

笔画 8画
部首 爫
结构 上下

"受"字最初的字形，上面画了一只手，下面也画了一只手，中间是类似盘子的物品，表示用手拿着盘子交给另外一个人。"受"的本义是传授、递给，对一方面来说是传授，对另一方面来说就是接受，所以它又有了接受的意思。后来，"受"加了一个"扌"，写成"授"，用来表示递给。

● 汉字的演变过程

| 甲骨文 | 金文 | 篆书 |

● 汉字与成语典故

无功受禄　禄：旧时官吏的薪俸。没有功劳而享受俸禄或奖赏。《诗经·魏风·伐檀序》："伐檀，刺贪也，在位贪鄙，无功而受禄，君子不得进仕尔。"

人体篇 151

zhēng

笔画 6画
部首 ク
结构 上下

"争"最早的字形是上下各画一只手，中间是一个物品，表示两只手在抢夺一个东西。"争"的本义是争夺。

● 汉字的演变过程

甲骨文　　篆书　　隶书

● 汉字与成语典故

争先恐后　争着向前，惟恐落后。明代王守仁《重修六合县儒学记》："今六合之民感其上之一言，捐数十百金，效力争先恐后，使天下之为民者咸若是，天下其有不治乎？"

yuán

笔画　12 画
部首　扌
结构　左右

"爰"字的上面和下面都是一只手,中间像一个棍子或绳子,表示上面的手拿着棍子让下面的手抓住。"爰"的本义是援助、帮助,后来这个字形在原来的基础上加上"扌",表示用手牵引,后来表示帮助、救助。

● 汉字的演变过程

篆书　　隶书

● 汉字与成语典故

孤立无援　单独行事,没有援助。多用于作战或生活经历中遇到危难之际。罗贯中《三国演义》第四十七回:"(庞统谓曹操曰)某观江左豪杰,多有怨周瑜者……周瑜孤立无援,必为丞相所擒。"

人体篇

wéi/wèi

笔画 4画
部首 、
结构 独体

"为"字最早的形象，上面是一只手，下面是一头大象，表示手在牵引着大象，让大象来为人劳动。"为"的本义是做、干。"为"的繁体字写法是"為"，上面还能够看出手的样子，下面的"象"就不太明显了。

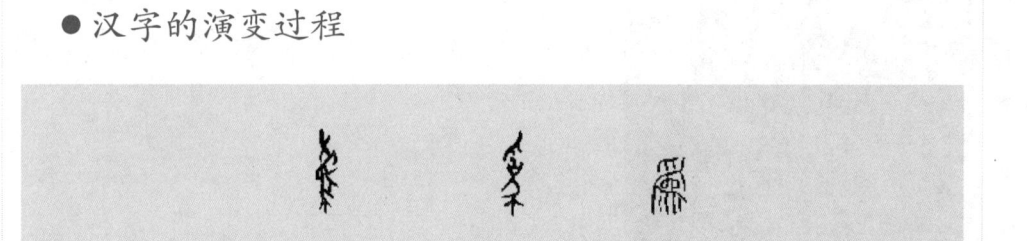

● 汉字的演变过程

| 甲骨文 | 金文 | 篆书 |

● 汉字与成语典故

叹为观止 叹：赞赏。观止：看到了止境，看到了尽头。用来赞叹所见的事物好到了极点。这个成语出自《左传·襄公二十九年》：春秋时，吴国的季札出使鲁国，观看各种乐舞。当看到舜乐《韶箾》时，季札叹赏地说："观止矣。若有他乐，吾不敢请已。"

两只手

从两只手的形象造出来的一些基本字源，从来都不单用，两只手的形象在后来的字里主要有以下几种形态：廾、丌、大。

人体篇

lòng/nòng

笔画 7画
部首 王
结构 上下

"弄"的字形下方的"廾"是两只手，上面是一块玉，表示两只手拿着一块玉在把玩、玩弄，所以"弄"的本义是把玩、玩弄。

● 汉字的演变过程

| 甲骨文 | 金文 | 篆书 |

● 汉字与成语典故

含饴弄孙　饴：用麦芽制的糖浆。弄：逗弄或戏耍。含着饴糖哄逗小孙子。形容老年人恬适的生活乐趣。成语出自《东观汉记·六·明德马皇后纪》："吾但当含饴弄孙，不能复知政事。"

jiè

笔画 7画
部首 戈
结构 半包围

"戒"字，"廾"表示两只手，上面是"戈"字，戈是古代常见的兵器，拿着戈表示有紧急情况，指在警戒。"戒"的本义是警备、警戒，一个人要改掉坏习惯就要时刻警戒着不去做，所以它又引申为改掉坏习惯。

● 汉字的演变过程

甲骨文　金文　篆书

● 汉字与成语典故

戒备森严　戒备：警戒防备。森严：严密。指警戒防备极其严密。清代桂超万《奉答林少穆先生自关外赐和诗二首》之一："虎门移节驻鸣鸾，戒备森严命众官。"

人体篇

fán

笔画　15画
部首　大
结构　上下

　　"樊"字下面的"大"是两只手的形象，上面是纵横交织的篱笆墙，这个字形像两只手在编篱笆。"樊"字的本义是篱笆，即用木竹交错而成的墙，所以篱笆墙又叫作樊篱。鸟笼子和篱笆墙很像，所以鸟笼子也叫作樊笼。陶渊明《归园田居》中有"久在樊笼里，复得返自然"的诗句。

● 汉字的演变过程

金文	篆书	隶书

● 汉字与成语典故

鸟入樊笼　飞鸟进了笼子。比喻自投罗网，陷入困境。元代尚仲贤《单鞭夺槊》第三折："恰便似鱼钻入丝网，鸟扑入樊笼。"

yāo/yào

笔画 9画
部首 覀
结构 上下

"要"字最早的字形两边是两只手，中间是女，像一个女孩子两手叉着腰站在那里，所以"要"就是人的腰部，它最初读作 yāo，后来在旁边加了一个"月"，表示和身体的部位有关，就是"腰"字。腰是人身上非常关键的部位，所以又引申为关键、重大，表示这个含义时读作 yào，如"要紧"。又引申为索取，这个意思今天最常用。

● 汉字的演变过程

金文	篆书	隶书

● 汉字与成语典故

要言不烦 指说话、行文简明扼要。《三国志·乐志三》："时邓飏与晏共坐，飏言：'君见谓善《易》，而语初不及《易》中辞义，何故也？'辂寻声答之曰：'夫善《易》者，不论《易》也。'晏含笑而赞之：'可谓要言不烦也'。"

心

　　"心"字在甲骨文中写作♡，是一个心脏的形状。楷书字形中，在汉字侧面的"心"有所变化，写成"忄"，现在叫作竖心旁；在汉字底部的"心"是现在"心"字的写法；另外还有个偏旁写成"⺗"。这三个偏旁在今天的《新华字典》部首里都有，它们原来是同一个字，只不过是放在了不同的位置，所以变成了不一样的写法。古人认为人是用心思考的，"心之官则思"表示心的功能是思考，所以用"心"造出来的字多和思考、情绪有关。

sī

笔画 9画
部首 心
结构 上下

"思"字中的"田"是字形变化的结果,最早是"囟"字,是头盖骨还没有合拢的形象,表示人的头脑。古人认为心的作用是思考,所以用心来表示情绪和想法,后来用来表示思考。所以"思"的本义是思考、深思。

● 汉字的演变过程

篆书　　隶书

● 汉字与成语典故

见异思迁　异:不同的。迁:改变。看到别的事物,就改变了本来的主意。形容人意志不坚定,喜爱不专一。《管子·小匡》:"少而习焉,其心安焉,不见异物而迁焉。"

人体篇　161

rěn

笔画　7画
部首　心
结构　上下

　　"忍"字的字形下面是"心"，上面是"刃"字，"刃"既表示读音也表示意义，是刀的意思。在"心"上放了一把"刀"，形容人在忍受某些事情时心里很难受的感觉。"忍"的本义是抑制住某种感觉或情绪，也有容忍之意。

● 汉字的演变过程

| 金文 | 篆书 | 隶书 |

● 汉字与成语典故

忍俊不禁　忍俊：原指抑制锋芒外露，后指含笑。不禁：不能自制。这个成语本来指热衷于某事而不能克制自己。后多指忍不住发笑。成语出自唐代赵璘《因话录》卷五："（州戎）戏作考词状：当有千有万，忍俊不禁考上下。"

gōng

笔画 10画
部首 小
结构 上下

"恭"字的字形上面是两只手捧着一个物品，表示古代祭祀时候的样子，下面的"小"，表示用心、恭敬。在祭祀祖先和神灵的时候人必须要恭恭敬敬，所以"恭"的本义是肃静、恭敬。

● 汉字的演变过程

| 甲骨文 | 篆书 | 隶书 |

● 汉字与成语典故

前倨后恭 倨：傲慢。先前傲慢而后有礼，形容前后态度截然不同。成语出自《战国策·秦一》："（苏秦）将说楚王，路过洛阳……嫂蛇行匍伏，四拜自跪而谢。苏秦曰：'嫂，何前倨而后卑也。'嫂曰：'以季子之位尊而多金。'"

kuài

笔画 7画
部首 忄
结构 左右

"快"字左边的竖心旁表示跟心情有关,"快"字最早的意思是心情愉快、开朗。后因为心情好与速度快有相通之处,两者都有轻快、没有障碍的感觉,用以表示速度很快。

● 汉字的演变过程

篆书

● 汉字与成语典故

先睹为快 睹:看见。快:快乐。以能先看到为快乐。形容急切盼望的心情。唐代韩愈《与少室李拾遗书》:"朝廷之士,引颈东望,若景星凤皇之始见也,争先睹之为快。"

màn

笔画 14画
部首 忄
结构 左右

"慢"字表示心里不恭敬、懈怠,因为走路懒懒散散的样子跟这种心情很类似,所以后来用来表示速度不快。很多带"慢"的词都和情绪有关,如:"怠慢"表示对人不恭敬,"傲慢"表示一个人太骄傲,看不起别人。

● 汉字的演变过程

篆书

● 汉字与成语典故

慢条斯理 形容说话、做事慢腾腾,不慌不忙的样子。清代吴敬梓《儒林外史》:"老爷亲自在这里传你家儿子说话,怎的慢条斯理!快快说在那里,我好去传!"

攴、攵

"攴"读作 pū，是一只手拿着棍棒在敲打的样子。它的本义是击打，后来这个字在文字里一般写作"攵"，"攵"和"攴"本来是一个字，只不过写法有所改变。"攵"看起来像"文"，但它和"文"没有任何关系。带"攴"和"攵"的字大多和击打、挥舞等动作有关。

mù

笔画 8画
部首 攵
结构 左右

"牧"字左边是"牛",右边是手拿着棍棒的样子,整个字形就像是手拿着棍棒在赶牛的场景。古代官府把管理老百姓看成是放牧牛羊,所以古代的统治者叫作"牧"。"牧"也是州的长官的意思,古代一个州的长官叫州牧。《三国演义》里有幽州牧、徐州牧、豫州牧,刘备曾做过豫州牧。

● 汉字的演变过程

甲骨文	金文	篆书	隶书

● 汉字与成语典故

十羊九牧 牧:放牧的人。十只羊竟然有九个牧羊人。古代有"以羊为民,以牧人为官"的说法,比喻民少官多。隋代杨尚希《请并省郡县表》:"所谓民少官多,十羊九牧。"

人体篇

bài 败

笔画　8画
部首　攵
结构　左右

"败"字金文中的形象左边是一个"鼎",右边是一只手拿着棍棒敲打,好像一只手拿着棍子把鼎给敲坏的样子。后来这个"鼎"的形象变成了"贝",整个字形也变成了一只手在敲打贝壳,所以"败"的意思是败坏、毁坏,引申为事情不能成功。

● 汉字的演变过程

| 甲骨文 | 金文 | 篆书 | 隶书 |

● 汉字与成语典故

坐观成败　坐在一旁,看双方争斗暂不插手。后用以表示对他人的成功或失败采取袖手旁观的态度。《史记·田叔列传》:"见兵事起,欲坐观成败;见胜者欲合从之,有两心。"

qiāo

敲

笔画 14画
部首 攴
结构 左右

"敲"字，左边的"高"表示读音，右边的"攴"和"攵"的来源是完全一样的，都是手拿着棍子的形状。"敲"的本义是敲击、击打物体。

● 汉字的演变过程

篆书

● 汉字与成语典故

旁敲侧击 从旁边、侧面敲击。比喻说话或写文章不正面阐明本意，而故意绕弯子或隐晦曲折地表达。《二十年目睹之怪现状》："云岫这东西，不给他两句，他当人家一辈子都是糊涂虫呢。只不过不应该这样旁敲侧击，应该要明亮亮的叫破了他。"

人体篇

kòu

笔画 11画
部首 宀
结构 上下

"寇"字造得非常有意思，是一幅非常生动的强盗抢劫图。上面的"宀"是房子，左边的"元"是画了一个人的头，右边是一只手拿着棍子。有一个人跑到你的家里拿着棍子打你的头，这不就是活生生的强盗吗？所以"寇"的本义是行凶、抢劫，也指强盗、侵略者。

● 汉字的演变过程

金文　　篆书

● 汉字与成语典故

穷寇勿追　穷寇：指穷途末路的敌人。这个成语的意思是指不要把无路可退的敌人置于死地，否则他们冒死反扑，会给自己造成重大损失。北宋苏轼《大臣论下》："古之为兵者，围师勿遏，穷寇勿迫，诚恐其知死而致力。"

殳

　　"殳",读作 shū,它的甲骨文字形是 ,像一只手拿着一个长把圆锤的形象。用"殳"造出来的字一般和敲击、投掷等动作有关,和前面的"攵"比较类似。

　　"殳"单独作字时还表示古代一种有棱没有刃的竹木兵器,《诗经》里的"伯也执殳,为王前驱",就是指拿了这样一个兵器,不过,表示这个兵器的意思跟造字没有太大的关系。

投 tóu

笔画	7画
部首	扌
结构	左右

"投"字，左边的"扌"表示和手的动作有关，右边的"殳"是手拿着锤子的样子，这里表示拿着锤子往外扔，所以"投"的本义是投掷、抛，"投铅球""投标枪"都是用的这个含义。

● 汉字的演变过程

篆书　　隶书

● 汉字与成语典故

自投罗网　投：进入。罗网：捕捉鱼鸟的器具。自己投到罗网里去，比喻自己送死。三国魏曹植《野田黄雀行》："不见篱间雀，见鹞自投罗。"

yì

笔画 7画
部首 彳
结构 左右

"役"字在金文中左边画了一个人，右边是"殳"，一个人手里拿着兵器，就是在当兵打仗。后来这个字的字形发生了变化，左边变成了"彳"，"彳"是道路的形象，它突出了一个人当兵打仗要走很远的路，所以"役"的本义是服兵役、参军当兵。从这个意思引申出一场战争叫战役，像淮海战役、平津战役等。

● 汉字的演变过程

| 金文 | 篆书 | 隶书 |

● 汉字与成语典故

饥饱劳役 指生活劳苦，食无定时。元代高文秀《黑旋风》第三折："俺哥哥三朝的五日，可便忍饿耽饥，五六日不曾尝着水米，常言道饥饱劳役。"

duàn

笔画 9画
部首 殳
结构 左右

　　"段"字金文字形右边是一个手拿着锤子的样子,左边是山崖,下面两个横表示从山崖上落下来的小石块,像一个人拿着锤子在山上砸开石块的样子。"段"的本义是锤击、敲击,敲击的目的是敲开,所以"段"又引申为断开、分段,如"一段话"。工厂里分开的行政单位也叫"段",像工段、机务段等。

● 汉字的演变过程

金文	篆书	隶书

● 汉字与成语典故

不择手段 择:挑选。指为了达到目的,什么手段都使得出来。梁启超《袁世凯之解剖》:"为目的而不择手段,虽目的甚正,犹且不可。"

殷

yān/yīn/yǐn

笔画 10画
部首 殳
结构 左右

"殷"字在金文中左边画了一个大肚子的人,右边的形象是用手拿着针在给他治病,这个字表示一个人病情很重,病得重就叫作"殷",由此引申出深厚、富足的意思,如"殷勤""殷切"。

● 汉字的演变过程

| 甲骨文 | 金文 | 篆书 | 隶书 |

● 汉字与成语典故

民殷国富 殷:富足。百姓富足,国家富裕。《三国志·蜀书·诸葛亮传》:"刘璋暗弱,张鲁在北,民殷国富而不知存恤,智能之士,思得明君。"

没 méi/mò

笔画 7画
部首 氵
结构 左右

　　"没"字在篆书中左边是"水"，表示和水有关系，右边上面的一半是水纹、旋涡的样子，下面是"手"，整个形象是一个人把手伸到水里去拿东西。"没"的本义是进到水里、沉没。被淹没的东西就会消失，所以后来又引申为没有。

● 汉字的演变过程

| 金文 | 篆书 | 隶书 |

● 汉字与成语典故

没齿难忘　终身不能忘记。汉代张衡《同声歌》："乐莫斯夜乐，没齿焉可忘。"宋代韩琦《韩魏公集·四·判大名府三年乞闲郡第三表》："顾此余生，没齿难忘于再造。"

丮

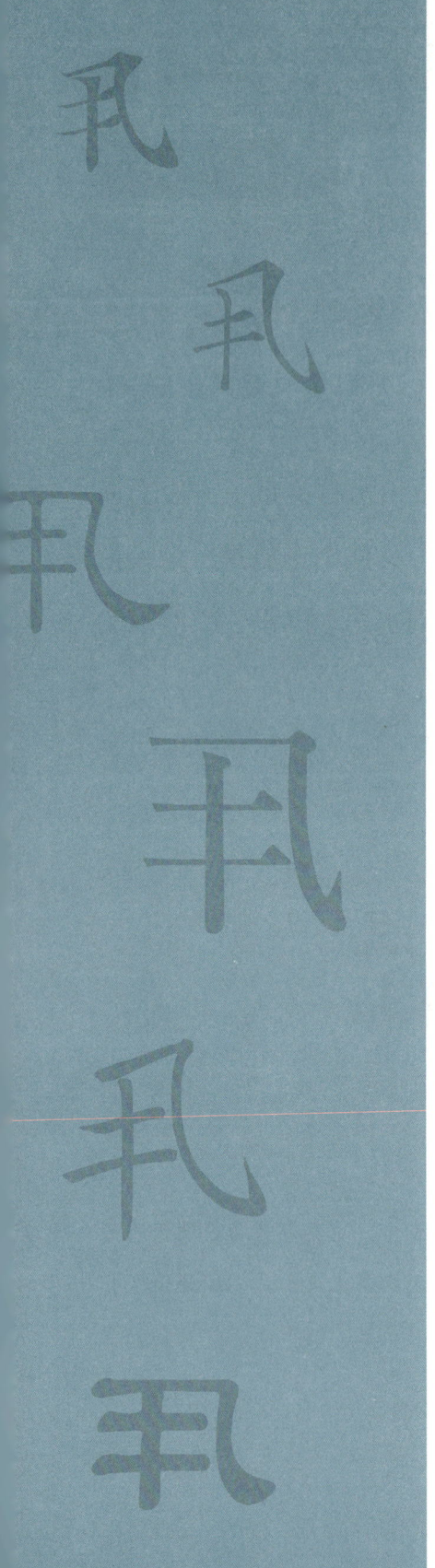

"丮",读作 jí,它是一个人伸开两手拿着东西的样子。它的本义是握、持、拿着东西,这个字并不单用,由它造出来的字一般多和两手、操持劳动有关。

"丮"在有些字形里会写成"丸",它和"丸"是两个完全不同的字,因为字形的变化让它们混在了一起。

人体篇

zhí

笔画 6画
部首 扌
结构 左右

"执"的字形是一个人的双手戴着手铐的样子，后来字形的左边写成了"幸"，"幸"在字形里表示手铐，右边变成了"丸"，这里的"丸"其实就是"丮"，是人伸着两手的形象。"执"的本义是捕捉犯人，从捕捉犯人引申为拿着，如"执笔""执刀"。后来又引申为坚持，如"执着"。

● 汉字的演变过程

甲骨文	金文	篆书	隶书

● 汉字与成语典故

固执己见 固：顽固。执：坚持。指顽固地坚持自己的意见。《旧唐书·李纲传》："时左仆射杨素、苏威当朝用事，纲每固执所见，不与之同，由是二人深恶之。"《宋史·陈宓传》："固执己见，动失人心。"

zhé

笔画 12画
部首 虫
结构 上下

"蛰"字是从"执"造出来的一个很有意思的字。把人抓住就是把他捆起来，动物冬眠的时候整个身体都在地上弯曲着，就像是被捆住了一样，所以用"执"和"虫"组合在一起造出了"蛰"字，专门用来表示动物的冬眠。

● 汉字的演变过程

篆书

● 汉字与成语典故

阳和启蛰　比喻恶劣的环境过去，顺利和美好的时光开始了。《礼记·月令》："东风解冻，蛰虫始振。"

dǒu/dòu

笔画 4画
部首 斗
结构 独体

"斗"字有两个读音,其实在古代是两个字。一个是量东西的容器,是象形字,画了一个斗的样子,这从今天的字形里还能够看出。而"战斗"的"斗"字里有一左一右两个人伸着胳膊在那里扭打,人伸的胳膊变成了"丮"字,后来"斗"的样子变成了一正一反两个"丮",是两个人伸着胳膊对打的样子。简化字中,这两个意思合并成了一个"斗"字。

● 汉字的演变过程

甲骨文　　　金文　　　篆书

● 汉字与成语典故

困兽犹斗 困兽,被围困的野兽;斗,搏斗。被围困的野兽还要冲撞,企图突围。比喻陷于绝境的人还要挣扎抵抗。《左传·宣公十二年》:"困兽犹斗,况国相乎!"

止

"止"在甲骨文中的字形是 ⊌——向上画着的一只脚,这个形状在最早的字形里面画得非常像,后来用了一种简略的表示方法:先画一只脚的完整的形状,然后再单独画出大脚趾。因为人的大脚趾和其他脚趾区别大一些,所以就单独用一条线表示出来,这个字形后来慢慢发生了变化,旁边这根线就不再和里面相连,好像是独立长出来一样,最后就成了"止"字的形状。

《说文解字》里,许慎没有见过甲骨文,他只根据篆书的形象来推测:"止"就像是一棵植物长出来的样子。从甲骨文的形象来看,许慎的说法是不对的,"止"最初的含义是指人的脚,引申为停止,用"止"造出来的汉字大多和脚以及脚的动作有关。

bù

笔画　7画
部首　止
结构　上下

"步"字的形象是一上一下两只脚，用这两只脚的形象来表示步行、行走，也表示两脚之间的距离，走路的时候两只脚一前一后的距离就叫作一步。

● 汉字的演变过程

甲骨文	金文	篆书	隶书

● 汉字与成语典故

亦步亦趋　步：步行。趋：快跑。随着别人的步伐的快慢而改变自己的速度，比喻一味仿效别人。《庄子·田子方》："夫子步亦步，夫子趋亦趋，夫子驰亦驰；夫子奔逸绝尘，而回瞠若乎后矣。"

涉

shè

笔画 10画
部首 氵
结构 左右

"涉"字的古代字形非常形象，它最早的形象上面画了一只脚，下面也画了一只脚，中间画了一条河，两只脚跨过一条河表示过河。"涉"的本义是光着脚趟水过河，后来只要是过河都叫作涉。从这层意思引申出进入的含义，"涉入"就是进入，又引申为相互的关联，"涉及""牵涉"等词语都是这样来的。

● 汉字的演变过程

| 甲骨文 | 金文 | 篆书 | 隶书 |

● 汉字与成语典故

涉笔成趣 涉笔：动笔，指动笔写作或绘画等。一动笔就趣味盎然。形容艺术素养很高，写作或绘画功力很强。清代王毓贤《绘事备考·唐》："张遵礼善画斗将、鞍马、戈矛、器械，涉笔成趣，小幅尤佳。"

zhì 陟

笔画 9画
部首 阝
结构 左右

"陟"的字形左边画了一个高坡,"阝"表示高坡,右边画了两只向上的脚,现在写成了"步"字。"陟"字的形象是两只向上的脚在沿着高坡往上爬,所以它的本义是上升、升高,从爬山引申为官职上的提拔。

● 汉字的演变过程

| 甲骨文 | 金文 | 篆书 | 隶书 |

● 汉字与成语典故

陟罚臧否　指对官员的赏罚褒贬。诸葛亮《前出师表》:"宫中府中俱为一体,陟罚臧否,不宜异同。"

chū

笔画 5画
部首 |
结构 独体

"出"字最早也是用"止"造出来的汉字，甲骨文的字形上面是一只脚，下面是一个门的形象，实际上是一个穴居的洞口，因为最早的原始人是住在山洞和地穴里的，所以"出"的本义是走出。

● 汉字的演变过程

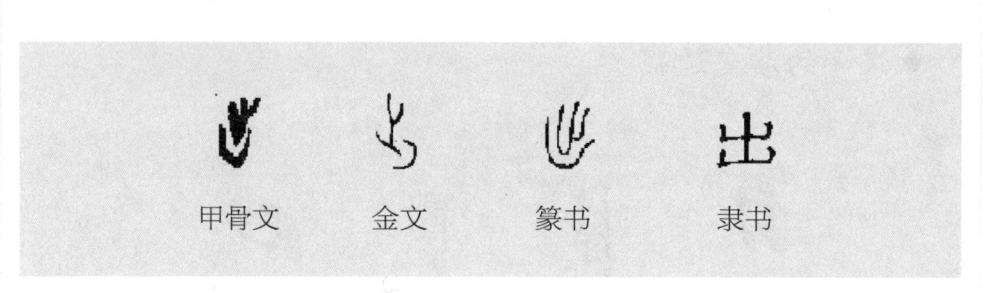

| 甲骨文 | 金文 | 篆书 | 隶书 |

● 汉字与成语典故

出类拔萃 出：超出。类：同类。拔：高出。萃：指聚在一起的人或物。形容高出同类之上。成语出自《孟子·公孙丑上》："圣人之于民，亦类也；出于其类，拔乎其萃。自生民以来，未有盛于孔子也。"

wǔ

笔画 8画
部首 止
结构 半包围

"武"字，下面是一只脚，上面是一支戈，合起来表示拿着戈向前进。"武"的本义是武力，引申为军事、威猛等含义。

● 汉字的演变过程

| 甲骨文 | 金文 | 篆书 | 隶书 |

● 汉字与成语典故

穷兵黩武 穷：尽。黩：随便，滥施。武：武装力量。用尽所有兵力，肆意发动战争。《三国志·吴书·陆抗传》："穷兵黩武，动费万计，士卒雕瘁，寇不为衰，而我已大病矣。"

zhī 之

笔画　3 画
部首　丶
结构　独体

"之"字最初的字形上面是"止",表示一只脚,下面画了一条线,表示出发的地点,这个形象表示的是从这里出发到别的地方去,所以"之"的本义是到、往,这个意义在古代很常用。

● 汉字的演变过程

| 甲骨文 | 金文 | 篆书 | 隶书 |

● 汉字与成语典故

不了了之　了:了结。用没了结的方式来了结事情,指事情没有办完就放着不管,或者敷衍过去。这个成语出自《晋书·愍怀太子传》:"陛下宜自了;不自了,吾当入了之。中宫又宜速自了;不了,吾当手了之。"

夂

　　"夂"读作 zhǐ，是一只向下的脚的形状，和"止"字正好倒过来，它一般不单用，用它造出来的字多和脚或脚的动作有关系。需要注意它在文字里的写法，第二笔是"フ"，其中的横不要出头，这和"攵"不同。

fù

笔画 9画
部首 夂
结构 上中下

上古的人类是穴居的，甲骨文里的"复"字像有两个出入口的地穴形状，再加上一只脚，表示从一个口出去，再从另外一个口进来。"复"的本义是返回，返回来重新学习就叫作"复习"，某个动作返回来再做一遍就叫作"重复"。

● 汉字的演变过程

| 甲骨文 | 金文 | 篆书 |

● 汉字与成语典故

复蹈前辙　复：重复、再次。蹈：踏、踩。辙：车轮碾过留下的痕迹。意指重新踏上前面车辆走过的道路。比喻不吸取教训，犯了同样的错误。《元史·刘宣传》："何不与彼中军官深知事体者，论量万全方略，不然将复蹈前辙矣。"

人体篇 189

mài

笔画　7画
部首　麦
结构　上下

　　"麦"字，下面是一只脚，上面是古代的"来"。"来"画了一株小麦的形状，所以"来"字的本义是小麦。"麦"字上面的"来"表示读音，下面的"夂"表示和脚的动作有关，所以"麦"的本义是到来。后来，这两个字发生了交换，用"来"表示到来，用"麦"表示小麦，这个用法一直沿用到了今天。

● 汉字的演变过程

甲骨文	金文	篆书	隶书

● 汉字与成语典故

麦秀黍离　指国家沦亡后触目伤怀而发的沉痛哀伤之辞。《史记·宋微子世家》："麦秀渐渐兮，禾黍油油。"《诗经·王风·黍离》："彼黍离离，彼稷之苗，行迈靡靡，中心摇摇。"

féng

笔画　10画
部首　辶
结构　半包围

"逢"右边的"夆"字，上面是朝下的一只脚，表示和脚的动作有关，底下是"丰"，表示读音，"夆"的本义是迎头相遇。"逢"是根据"夆"直接造出来的字，也表示相遇的意思，只是在"夆"的基础上加了一个"辶"，强调跟行走有关。

● 汉字的演变过程

甲骨文	金文	篆书	隶书

● 汉字与成语典故

逢场作戏　本指江湖艺人选择空场，用随身携带的竿木蒙布成台，进行表演。后禅宗用来表示悟道在心，不拘人、时、地。遇到机会，偶尔凑凑热闹，多含随俗应酬意。宋代《景德传灯录》卷六："竿木随身，逢场作戏。"

足

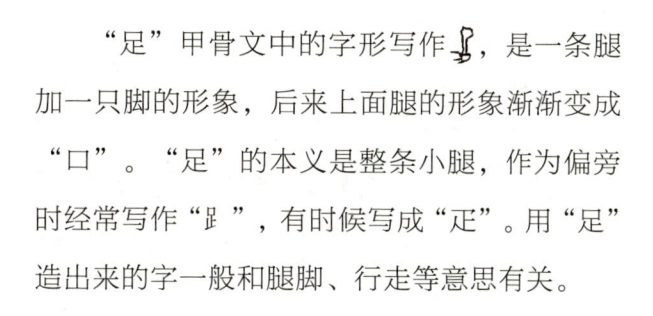

　　"足"甲骨文中的字形写作 ，是一条腿加一只脚的形象，后来上面腿的形象渐渐变成"口"。"足"的本义是整条小腿，作为偏旁时经常写作"𧾷"，有时候写成"疋"。用"足"造出来的字一般和腿脚、行走等意思有关。

路 lù

笔画 13画
部首 ⻊
结构 左右

"路"字，左边的"⻊"和走路、行走有关系，右边的"各"表示到来，人到来所走的途径就是道路，所以"路"的本义是道路。

● 汉字的演变过程

| 金文 | 篆书 | 隶书 |

● 汉字与成语典故

筚路蓝缕 荆条编的车和破烂衣裳，常用来形容创业的艰辛。这个成语出自《左传·宣公十二年》："筚路蓝缕，以启山林。"

人体篇 193

shū

疏

笔画 12画
部首 疋
结构 左右

"疏"字，右边是一个孩子倒过来的形象，左边是一条腿的形象，这两个字组合在一起表示孩子的出生像自然走出来一样，用生孩子非常顺利来表示疏通、开通的意思。这个字后来又引申为稀少、分散、事物之间的距离远。

● 汉字的演变过程

篆书　　隶书

● 汉字与成语典故

才疏学浅　才：才能。疏：稀少。才华少，学问浅，一般用来表示自谦。《汉书·谷永传》："臣材朽学浅，不通政事。"

走

　　"走"是由一个人的身体和脚组合在一起形成的字，金文写作🏃，是人甩开胳膊跑步的样子，下面画了一只脚，强调跑的动作。"走"的本义是奔跑。

　　"走"字上面的字形后来被写成了"土"字，其实它和"土"一点儿关系都没有。"走"在古代一般表示跑，后来才有了步行的意思。古诗文里的"走"字基本上都是跑的意思，《夸父逐日》中"夸父与日逐走"，就是指他和太阳赛跑；成语"走马观花"是说马跑得非常快，所以花看着就不太清楚了，比喻对事情的理解比较粗浅，不够细致，这里的"走马"就是跑马的意思。用"走"造出的字和行动、跑、跳等动作有关。

人体篇 195

chāo

笔画　12 画
部首　走
结构　半包围

"超"字是一个典型的形声字,"召"表示声音,"走"表示和脚的动作有关。"超"的本义是跳上、跃上,后来引申为越过、跨过、胜过等意思。

● 汉字的演变过程

篆书　　隶书

● 汉字与成语典故

超世绝俗　超出当代,冠绝流俗。形容人的思想、品德。言行或诗文字画等境界极高。《世说新语·德行》:"徐稚,字孺子,豫章南昌人,清妙高跱,超世绝俗。"

qù

笔画 15画
部首 走
结构 半包围

"趣"字是一个形声字,"走"表示和脚的动作有关,"取"表示生硬,"趣"的本义是快速地向某个方向奔去。王维的《青溪》中写道:"随山将万转,趣途无百里。"其中"趣途"表示水往下流的路途、路程。思想、感情、情绪向某一个方向集中,后来也叫作"趣",所以"趣"又引申为意向、情趣、兴味等意思。

● 汉字的演变过程

篆书　　隶书

● 汉字与成语典故

妙趣横生　趣:意趣。美妙的意趣层出不穷,多用于对语言、文章或美术作品的称赞。清代杜文澜《憩园词话》卷六:"所著《心盦词存》四卷,不拘格律,妙趣横生。"

趋

qū

笔画　12画
部首　走
结构　半包围

"趋"字是形声字，"刍"表示声音，"走"表示和脚的动作有关。"趋"的本义是快速走，引申为向某个方向发展。"趋"的本义与"趣"相同，所以在古文里这两个字可以相互交换使用，如今只用"趋"来表示快速走。

● 汉字的演变过程

篆书　　隶书

● 汉字与成语典故

大势所趋　整个局势发展的趋向。这个成语出自宋代陈亮《上孝宗皇帝第三书》："天下大势之所趋，非人力之所能移也。"

zhào

笔画 9画
部首 走
结构 半包围

"赵"字是百家姓里第一个，其中的"走"表示和脚的动作有关，"肖"表示声音，后来简化字里觉得"肖"写起来太复杂，就用"乂"来表示它，这样一写就看不出它读音的来源了。"赵"的本义是急走、跳跃，但是这个意思不常使用，一般用作国名和姓。

● 汉字的演变过程

篆书　　　隶书

● 汉字与成语典故

完璧归赵　璧：和氏璧，美玉。比喻将原物完好无损地归还原主。这个成语出自《史记·廉颇蔺相如列传》："臣愿奉璧往使，城入赵而璧留秦；城不入，臣请完璧归赵。"

行（彳）

道路和行走的关系十分密切，并且"止"和"彳"组合成了"辶"，所以把表示道路的字源放到人的脚这一部分，便于相互联系记忆。我们来学习两个表示道路的基本字源，"行"的本义是道路，读作 háng，《诗经》里"采采卷耳，不盈顷筐。嗟我怀人，寘彼周行"中的"周行"就是大路的意思。从一条条的道路引申为行列和排行，从道路又引申为行走，表示行走之意时读作 xíng。如果这条道路只画了一半，就变成了"彳"，带"行"或"彳"的字大多和道路、行走有关。

jiē

笔画 12 画
部首 彳
结构 左中右

　　"街"字是形声字，里面的"圭"表示读音，外面的"行"表示道路。"街"的本义是较宽的十字大路，所以"街"指的是大路、大街。经常和街组合在一起的是"巷"，"巷"的本义是小胡同，它们两个合在一起指的是所有的街道。

● 汉字的演变过程

篆书

● 汉字与成语典故

街谈巷议　巷：胡同。指街头巷尾人们的议论和言谈。东汉张衡《西京赋》："若其五县游丽辩论之士，街谈巷议，弹射臧否，剖析毫厘，擘肌分理。"

人体篇

衔

xián

- 笔画 11画
- 部首 彳
- 结构 左中右

"衔"的本义是马嚼子——放到马嘴里用来勒马、控制马行动的一种器具，这种物品是用金属制成的，所以带"钅"。马只有在上路的时候需要用马嚼子控制，所以在外面放了"行"字，表示和行走、走路有关。因为马嚼子是含到嘴里面咬着的，所以后来又引申为用嘴叼着。

● 汉字的演变过程

| 篆书 | 隶书 |

● 汉字与成语典故

结草衔环 用来指感恩报德，至死不忘。元代李行道《包待制智赚灰阑记》："多谢大娘子，小人结草衔环，此恩必当重报。"

徙

xǐ

笔画 11画
部首 彳
结构 左右

"徙"字是用"彳"造出来的字,它的甲骨文字形左边是半个十字路口,是道路的形象,右边画了两只脚,表示人在路上走,所以"徙"的本义是迁徙。

● 汉字的演变过程

甲骨文	金文	篆书	隶书

● 汉字与成语典故

徙薪曲突 徙:迁移。薪:柴草。曲:使弯曲。突:指烟囱。搬开灶边的柴草,把烟囱改建成弯的,以避免发生火灾。比喻事先采取措施,才能防止灾祸。《汉书·霍光传》:"人为徐生上书曰:'臣闻客有过主人者,见其灶直突,傍有积薪,客谓主人,更为曲突,远徙其薪,不者且有火患。'主人嘿然不应。俄而家果失火,邻里共救之,幸而得息。"

徒

tú

笔画 10画
部首 彳
结构 左右

　　"徒"字的字形结构和"徙"差不多，左边画了半个十字路口，右边画了一只脚，最上面的"土"表示读音，后来上面的"土"和下面的"止"合在一起写成了"走"字。"徒"的本义是步行，不坐车光凭着一双脚来行走，所以引申为没有凭借、空的意思。古代打仗，有一种兵叫徒兵，是靠步行来走路的兵，从徒兵引申为很多跟随的人，同类的人就叫作"徒"，如"歹徒""教徒"。徒弟是跟着老师的一帮人，所以又引申为门徒弟子。

● 汉字的演变过程

| 金文 | 篆书 | 隶书 |

● 汉字与成语典故

家徒四壁　徒：只有。壁：墙壁。家里只有四面墙壁。形容穷得一无所有。《史记·司马相如列传》："文君夜亡奔相如，相如乃与驰归成都，家居徒四壁立。"

xú

笔画 10画
部首 彳
结构 左右

"徐"字左边的"彳"是半条道路,表示和行走有关,右边的"余"表示读音。"徐"的本义是慢慢地走,由此引申出慢的意思。"清风徐来"就是清风慢慢地吹过来。

● 汉字的演变过程

篆书　　隶书

● 汉字与成语典故

不疾不徐　徐:缓慢。疾:急速。不急不慢。指处事能掌握适度的节律,不太快也不太慢。宋代黄庭坚《王纯中墓志铭》:"君调用财力,不疾不徐,劳民劝功,公私以济。"

人体篇

yán 延

笔画 6画
部首 廴
结构 半包围

"延"本来的形象是半条道路和一只脚,后来把道路拉长,在脚的上面也画了一个表示拉长的符号。"延"的本义是走很远的路,引申为伸长和伸展。

● 汉字的演变过程

甲骨文	金文	篆书	隶书

● 汉字与成语典故

苟延残喘 苟延:勉强延续。残喘:临死前残存的喘息。指勉强维持一线生命。也比喻事物勉强存在下去。北宋欧阳修《与韩忠献王》:"遽来居颍,苟存残喘,承赐恤问,敢此勉述。"《京本通俗小说·拗相公》:"老汉幸年高,得以苟延残喘,倘若少壮,也不在人世了。"

辶

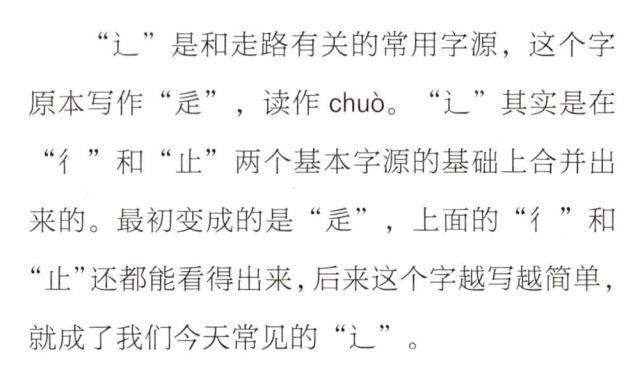

　　"辶"是和走路有关的常用字源，这个字原本写作"辵"，读作 chuò。"辶"其实是在"彳"和"止"两个基本字源的基础上合并出来的。最初变成的是"辵"，上面的"彳"和"止"还都能看得出来，后来这个字越写越简单，就成了我们今天常见的"辶"。

　　和走路有关的基本字源，像"走""止""辶"和"彳"，在最初造字的时候它们表示的意思差不多，所以经常把它们换着使用，如"遍"最早的字形是"徧"。之后这几个字形分开就不能随便换用，如"超"和"诏"，这两个字表示的意思完全不一样。

人体篇

追 zhuī

笔画	9画
部首	辶
结构	半包围

　　"追"字甲骨文的写法下面是"止",表示用脚来走路,上面的部分本来指土堆,一般借用来表示军队。把脚和军队合在一起表示追击敌人,后来引申为追随、随从。后来为了强化在路上追,又给这个字形加了一个"彳",就是半条道路的形象,再后来"彳"和"止"合并成了"辶",便成了今天的"追"字。

● 汉字的演变过程

| 甲骨文 | 金文 | 篆书 | 隶书 |

● 汉字与成语典故

追名逐利　追、逐:追求。意指追求名和利。姚雪垠《李自成》第二卷:"目下江南士大夫仍是往年习气,到处结社,互相标榜,追名逐利。"

zhú

笔画 10画
部首 辶
结构 半包围

"逐"的字形是在追赶野猪，上面是一头猪的形象，底下原来是一只脚——"止"字，这个字后来加上一个"彳"，合在一起变成了"辶"。"追"是追赶军队，"逐"是追赶野猪，造字用的形象虽然不一样，但是都表示追赶的意思。

● 汉字的演变过程

甲骨文　　金文　　篆书

● 汉字与成语典故

逐鹿中原　逐：追赶。鹿：比喻帝位、政权。在中原争夺天下，比喻群雄争夺天下。《史记·淮阴侯列传》："秦失其鹿，天下共逐之。"

人体篇

jìn

笔画 7画
部首 辶
结构 半包围

　　"进"字是一个常用字，它的繁体写法是"進"，"隹"是画了一只鸟的形象，"鸟"和"走"合在一起表示鸟在向前走。"进"的本义是向前移动、向前走，这个字形在简化字里面改成了形声字，用"井"来表示它的读音。

● 汉字的演变过程

| 甲骨文 | 金文 | 篆书 | 隶书 |

● 汉字与成语典故

循序渐进　循：顺着、按照。序：次序。渐：逐步。指按照一定的程度、步骤一步一步地进行。宋代朱熹《答邵书义》："读书穷理，积其精诚，循序渐进，然后可得。"

甶

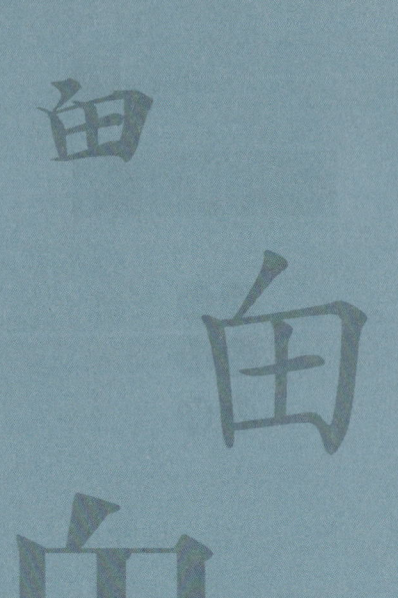

有一些字形是身上佩戴着的器具造出的字，它们和人体联系比较紧密，常和人的身体组合在一起成为一个字形。"甶"读作 fú，便是这样一个字形。"甶"这个字画了一个鬼头的形象，这个字形整体像一个头，里面鬼的面目比较简略，带这个符号的字多和鬼怪有关。

人体篇 211

guǐ

笔画 9画
部首 鬼
结构 独体

"鬼"字上面是一个可怕的鬼头，下面是人形，"鬼"是迷信的人所说的人死了之后变成的形象，所以下面化成人形，后来字形里又加了一个修饰符号，变成今天的"鬼"字。"鬼"的本义是鬼怪，用"鬼"造出的字也有很多，而且多作为形旁出现，如"魔""魂""魄"等。

● 汉字的演变过程

| 甲骨文 | 金文 | 篆书 | 隶书 |

● 汉字与成语典故

鬼斧神工 斧：斧凿技术。工：精湛的技巧。像是神鬼制造出来的。形容技艺精巧神妙，几乎不是人力所能达到的。这个成语出自《庄子·达生》："梓庆削木为鐻，鐻成，见者惊犹鬼神。"

wèi 畏

笔画 9画
部首 田
结构 上下

"畏"的字形像鬼拿着杖打人的形象,鬼打人会让人觉得很可怕,所以"畏"的本义是恐惧、害怕,这个字形后来上面的鬼头变成了"田"字,字义从害怕引申为敬佩。

● 汉字的演变过程

| 甲骨文 | 金文 | 篆书 | 隶书 |

● 汉字与成语典故

后生可畏 后生:青年人、后辈。可:值得。畏:佩服。青年人是值得佩服的。指后辈是新生力量,朝气蓬勃,极易超越他们的前辈。《论语·子罕》:"后生可畏,焉知来者之不如今也?"

辛（立）

　　"辛"字甲骨文的字形为▽，是画了一把刑刀的形象，就是行刑用的刀具，它经常和人的形象组合在一起，表示受刑的人。带"辛"的字多和刑具、悲痛等有关，"辛"字在有的字形里会简化成"立"字。

zǎi

笔画 10画
部首 宀
结构 上下

"宰"这个字的字形古代的结构和今天的结构是一样的，上面的"宀"表示房子，下面的"辛"表示刑刀，合起来表示受过刑罚的奴隶，本义是从事各种劳动的奴隶，后来专指贵族家里的家臣，后又转指处理政务的官员，比如"县宰""宰相"。由于"辛"是一把刀的形象，所以"宰"又表示杀牲畜和割肉，如"杀猪宰羊"。

● 汉字的演变过程

| 甲骨文 | 金文 | 篆书 | 隶书 |

● 汉字与成语典故

宰木已拱 坟墓上的树木已有两手合抱那么粗了。指人死了很久。《公羊传·僖公三十三年》："秦伯怒曰：'若尔之年者，宰上之木拱矣。'"

妾 qiè

笔画 8画
部首 女
结构 上下

"妾"最初的字形下面是一个女子，上面的"立"本来应该是"辛"，后来简化成了"立"，一个女子和一把刑刀表示这是一个受过刑罚的女子。"妾"的本义是女奴隶，后来表示古代有钱有势的男子娶的非正式的妻子。

● 汉字的演变过程

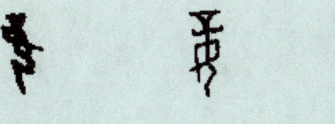

| 甲骨文 | 金文 | 篆书 |

● 汉字与成语典故

三妻四妾　指妻妾众多的意思。清代李渔《风筝误·逼婚》："你做状元的，三妻四妾，任凭再娶。"

tóng 童

笔画 12画
部首 立
结构 上下

"童"字，最初的字形上面是刑刀，下面是一个人身上背着很重的口袋在劳动的样子，所以"童"的本义是因为有罪成为奴隶的家奴，后来专门指未成年的奴仆，像"家童""书童"，后指所有的小孩儿，如"少年儿童"。

● 汉字的演变过程

| 金文 | 篆书 | 隶书 |

● 汉字与成语典故

鹤发童颜　苍白如鹤羽的头发，红润如孩童般的容颜。形容老年人气色好，有精神。唐代田颖《梦游罗浮》："自言非神亦非仙，鹤发童颜古无比。"

索 引

B			赤	17		夫	15
败	167		臭	108		服	21
包	24		出	184		付	147
胞	25		吹	61		妇	38
北	45		炊	62		复	188
比	44		从	2			
辩	117					G	
别	133		D			膏	140
鬓	59		沓	127		恭	162
病	68		顶	86		躬	72
步	181		斗	179		勾	28
			段	173		古	112
C			多	141		骨	132
餐	137					鬼	211
残	136		F				
昌	126		罚	118		H	
超	195		烦	87		好	34
龀	130		樊	157		欢	64
尺	31		逢	190		宦	100

灰	144	考	53	N			
回	115	客	114	尿	30		
		寇	169	臬	110		
J		快	163	弄	155		
疾	69	脍	139	奴	37		
监	98						
见	10	L		Q			
鉴	99	临	97	妻	36		
胶	80	龄	129	企	6		
绞	79	领	88	弃	49		
较	81	聋	103	钳	124		
教	50	路	192	敲	168		
街	200	履	32	乔	77		
戒	156			妾	215		
进	209	M		躯	71		
聚	4	麦	189	趋	197		
军	26	慢	164	取	104		
均	27	盲	94	趣	196		
		没	175				
		每	41	R			
K		牧	166	忍	161		
坎	66						
看	93						

索 引

S

射	73
涉	182
甚	123
声	105
守	146
寿	55
受	150
疏	193
司	7
思	160
死	135

T

太	14
天	16
甜	122
听	106
童	216
头	90
投	171
秃	12
徒	203

W

危	22
为	153
畏	212
闻	102
毋	40
吴	75
武	185

X

息	109
徙	202
衔	201
相	95
向	113
项	89
孝	54
校	82
笑	76
欣	63
姓	35
兄	11
休	5

羞	148
须	85
徐	204
学	51

Y

延	205
眼	92
要	158
叶	84
抑	20
役	172
意	119
殷	174
印	19
友	145
欲	65
毓	42
元	9
援	152
韵	120

Z

宰	214	争	151	逐	208
张	57	之	186	追	207
帐	58	执	177	字	48
赵	198	旨	46	左	143
蛰	178	陟	183		
		众	3		

中华优秀传统文化

汉字课

生活篇

朱叙国　主编

江苏凤凰文艺出版社

图书在版编目（CIP）数据

中华优秀传统文化汉字课.生活篇/朱叙国主编
.--南京：江苏凤凰文艺出版社，2022.1
ISBN 978-7-5594-6319-7

Ⅰ.①中… Ⅱ.①朱… Ⅲ.①汉字－小学－教学参考资料 Ⅳ.① G624.203

中国版本图书馆CIP数据核字(2021)第195306号

中华优秀传统文化汉字课.生活篇

朱叙国　主编

出 版 人	张在健
责 任 编 辑	朱雨芯
策 划 编 辑	文芹芹
装 帧 设 计	观止堂_叶小舟
责 任 印 制	刘　巍
出 版 发 行	江苏凤凰文艺出版社
	南京市中央路165号，邮编：210009
网　　　址	http://www.jswenyi.com
印　　　刷	苏州市越洋印刷有限公司
开　　　本	787毫米×1092毫米　1/16
印　　　张	13
字　　　数	140千字
版　　　次	2022年1月第1版
印　　　次	2022年1月第1次印刷
书　　　号	ISBN 978-7-5594-6319-7
定　　　价	99.00元（全3册）

江苏凤凰文艺版图书凡印刷、装订错误，可向出版社调换，联系电话 025-83280257

衣

人们造字时是近取诸身，远取诸物，先从自己的身体开始出发，扩及到人所用的东西，再扩展到外部的自然界。和人的身体有关的基本字源有很多，除了这些，人们还把生活、生产的内容造成相关的汉字，包括人的吃饭、穿衣、居住、行走、祭祀、战争等等，它们在基本字源里也占有相当大的比重。

"衣"字就是和人的穿衣有关的基本字源，甲骨文字形写作 ，是一件古代的上衣形象。古代的上衣叫衣，下衣叫裳，后来上衣、下衣都可以叫做衣，"衣"便泛指所有的衣服。

衣做偏旁时一般写作"衤"，有的字形里还经常把衣分开，把别的字夹在中间，比如"裹""褒"，用衣服造的字多和衣服、穿衣有关。"衤"组成的字有很多，"衬衫""裤""裙""袜"等常用的字都是用"衤"造出来的。

chū 初

笔画 7画
部首 衤
结构 左右

"初"字左边是一件衣服，右边是一把刀的形象，表示用剪刀开始裁布做衣服。用开始做衣服代表开始、开端，所以"初"的本义是开始，如"年初""月初"。从开始引申为第一个、第一次，又引申为刚刚，比如，"初一"是指农历每月的第一天。

● 汉字的演变过程

| 甲骨文 | 金文 | 篆书 | 隶书 |

● 汉字与成语典故

初出茅庐 茅庐：草房子。这个成语的意思是刚出茅庐，后用来指代年轻人刚刚走上社会，社会阅历不深。成语出自《三国演义》："博望相持用火攻，指挥如意笑谈中，直须惊破曹公胆，初出茅庐第一功。"这几句话说的是这样一个故事：东汉末年，诸葛亮隐居隆中，后来刘备三顾茅庐，请诸葛亮出山。诸葛亮出来以后就设计火烧新野，打败了夏侯惇的军队。

生活篇 3

cháng/shāng

笔画　14画
部首　衣
结构　上下

　　"裳"字在古代读作 cháng，它是一个形声字，上面的"尚"表示声音，下面的"衣"表示一种衣服，"裳"的本义是下半身所穿的裙子。古代的贵族男子跟女子一样，下身也穿着裙子。"裳"的本字是"常"，"常"字下面的"巾"表示衣服和布，后来被借用来表示常常、经常，所以就把表示下裙的字写成"裳"。

● 汉字的演变过程

金文　　隶书

● 汉字与成语典故

衣裳之会　与"兵车之会"相对而言，指诸国之间和好的会议。成语出自《榖梁传·庄公二十七年》："衣裳之会十有一，未尝有歃血之盟也，信厚也。"

guǒ

笔画 14画
部首 亠
结构 上中下

"裹"字的字形看起来复杂,其实是把"果"放到了衣服里面,"衣"表示衣服,"果"表示声音。"裹"的本义是缠绕、包起来,也可以理解为把东西包起来之后形成的一个圆形,像是果实的形状。

● 汉字的演变过程

篆书

● 汉字与成语典故

裹足不前 裹:包上,缠住。像缠住脚似的不再向前。多指思想上有顾虑,不敢前进。成语出自《战国策·秦三》:"(范雎谢曰)臣之所恐者,独恐臣死之后,天下见臣尽忠而身蹶也,是以杜口裹足,莫肯即秦耳。"

生活篇　5

cù/zú

笔画　8画
部首　亠
结构　上下

"卒"也是从"衣"字变出来的字形，它最初的字形也是一件衣服，只是在衣服的最下面做了一个标记，这种有标记的衣服就是古代奴隶所穿的衣服。所以，"卒"的本义是古代奴隶所穿的一种带有标记的衣服，后来专指穿着号服的差役、士兵。后来，"卒"字又假借表示结束和死亡。

● 汉字的演变过程

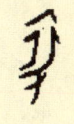

| 甲骨文 | 金文 | 篆书 | 隶书 |

● 汉字与成语典故

身先士卒　身：本身、亲身。士卒：士兵。指作战时或工作时领导走在前面。《史记·黥布传》："项王伐齐，身负板筑，以为士卒先，大王宜悉淮南之众，身自将之，为楚军前锋。"

巾

　　古人经常在腰带上佩戴一种配巾,"巾"的甲骨文字形 𢁤 是一条配巾的形象,中间的一条线表示向上系着的带子。"巾"是一种布,用"巾"造出来的字多和布帛、衣服有关系,比如"布""帛""帕""帻""帘""帐"。

生活篇 7

bù

笔画 5画
部首 巾
结构 半包围

"布"是一个典型的形声字，上面的部分最初是"父"字，表示读音，下面是"巾"，指布和巾的形状、材料等类似的东西。"布"的本义是布匹，是用棉、麻、葛等做成织物。因为织出来的布通常是很大一块，在使用时需要把它铺开，所以"布"又引申为铺开、展开等意思。

● 汉字的演变过程

| 金文 | 篆书 | 隶书 |

● 汉字与成语典故

开诚布公 展示诚心，公开明言。比喻诚心待人，坦白无私。成语出自《三国志·诸葛亮传评》："诸葛亮之为相国也，抚百姓，示仪轨，约官职，从权制，开诚心，布公道。"

bó 帛

笔画 8画
部首 白
结构 上下

"帛"字是形声字，下面的"巾"表示和布有关，上面的"白"表示读音，也表示白色的意思。"帛"的本义是没有染过的白色的布，后来把"帛"作为所有丝织物的总称。布和玉在古代都是非常贵重的东西，古代经常就把玉和帛合在一起成为玉帛，作为国与国之间互赠的礼物。

● 汉字的演变过程

| 甲骨文 | 金文 | 篆书 | 隶书 |

● 汉字与成语典故

化干戈为玉帛　干戈：古代兵器，这里借指战争。玉帛：玉器和丝织品，古代诸侯会盟时带的礼物，借指和平。把兵戎相见变成玉帛交往。指停止战争，彼此和平共处。成语出自《淮南子·原道训》："昔者夏鲧作三仞之城，诸侯背之，海外有狡心。禹知天下之叛也，乃坏城平池，散财物，焚甲兵，施之以德，海外宾服，四夷纳职，合诸侯于涂山，执玉帛者万国。"

生活篇 9

bì

敝

笔画 11画
部首 攵
结构 左右

"敝"字的甲骨文字形左边是一块挂着的布，右边是一只手拿着一个棍子，上面有一些点，表示布被棍子敲破了，整个形象表示用棍子把衣服敲破。"敝"的意思是破衣服，引申为一切破旧。

● 汉字的演变过程

甲骨文　　篆书　　隶书

● 汉字与成语典故

敝帚自珍　敝帚：破旧的扫帚。珍：珍惜。比喻东西虽差，自己却非常珍惜。汉代刘珍《东观汉记·光武帝纪》："一旦放兵纵火，闻之可为酸鼻。家有敝帚，享之千金。"南宋陆游《秋思》："遗簪见取终安用，敝帚虽微亦自珍。"

bì

笔画 4画
部首 巾
结构 上下

"币"繁体字写作"幣",上面的"敝"表示读音,下面的"巾"表示和布有关,简化字用简单的一撇代替"敝"。"币"的本义是作为礼物来送人的丝织品,后指用来买东西的通货钱币,古代曾经有一段时间用布作钱来买东西,所以古代的钱曾被称为布。

● 汉字的演变过程

篆书　　　隶书

● 汉字与成语典故

甘言厚币 甘:甜美。币:礼物。指言语甜美,礼物丰厚。宋代吕陶《虑边论》一:"度今之势,必可不至于兵战,惟甘言厚币以结其心,而致万世之安乎?"

生活篇 11

织 zhī

笔画 8画
部首 纟
结构 左右

　　"织"字的篆书字形是用针在布上刺绣的形状，上下都是一块布，中间用线连在一起，后来字形发生变化，下面的部分还有"巾"的形状，上面的部分就没有布的样子了。"织"的本义是用针线刺成的花纹，后用来指代所有的针线活儿。

● 汉字的演变过程

篆书　　　隶书

● 汉字与成语典故

断织劝学　用来鼓励、劝导人学习。成语出自《后汉书·乐羊子妻传》："远寻师，一年来归，妻跪问其故，羊子曰：'久行怀思，无它异也。'妻乃引刀趋机而言曰：'……今若断斯织也，则捐失成功，……若中道而归，何异断斯织乎？'"

冖

"冖"这个字源是和帽子有关的字源,在做字的时候读作 mì,今天我们叫做秃宝盖,是"宀"上面没了一点,实际上它和"宀"的来源完全不同,"宀"来源于房子的形象,"冖"来源于帽子。

"冖"最早的字形是一个帽子的形象,古代最简单的帽子是一块向下蒙着的布。在字形里除了写作"冖",有时在里面加一横,有时加两横,加两横就成了"冃"字,上面的横是修饰的符号,整体的字形仍然是帽子的形象,帽子是用来蒙住头的,用它所造的字多和帽子或者蒙住有关系。

生活篇 13

冒

mào / mò

笔画　9画
部首　曰
结构　上下

　　"冒"字的金文字形上面是帽子的形象，下面是"目"，用一只眼睛被帽子挡住的形象，表示戴在头上的帽子。"冒"的本义是帽子，后来，再给它加上一个"巾"，表示它是用布做成的，就成了"帽"。帽子是顶在头上的，所以顶着、不顾也可以说是"冒"，如"冒险"。中医认为感冒是受到风寒的侵袭所导致的，最初叫做感冒风寒，意思是顶着风寒。又引申为向上升、向外透出，比如"冒汗""冒雨"。

● 汉字的演变过程

金文　　篆书

● 汉字与成语典故

冒天下之大不韪　不韪：过失，过错。指不顾舆论的反对，即使普天下认为是错事，也公然干下去。成语出自《左传·隐公十一年》："（息侯）犯五不韪而以伐人，其丧师也，不亦宜乎！"

冕

miǎn

笔画 11画
部首 冂
结构 上下

"冕"字最早的字形上面是帽子形象,下面是"免",本义是帽子。一般人戴的帽子不能叫"冕",只有帝王或者官员所戴的帽子才叫"冕"。在某些国家,君主即位要举行一种仪式,把帽子加在新君主的头上,这种仪式叫做"加冕"。新闻记者有一个特殊的称呼,叫"无冕之王",意思是他们起的作用非常大,能够抨击社会上不公平的现象,改变整个社会的思想和风气,影响整个社会、整个世界,与国王起到的作用一样,只不过他们不是真正的王,没有王冠,所以叫"无冕之王"。

● 汉字的演变过程

篆书　　隶书

● 汉字与成语典故

冠冕堂皇　冠冕:古代帝王、官员戴的帽子。堂皇:很有气派的样子。形容表面上庄严正大的样子。清代吴趼人《二十年目睹之怪现状》第八十四回:"他自己也就把那回身就抱的旖旎风情藏起来,换一副冠冕堂皇的面目了。"

生活篇　15

guān/guàn

笔画　9画
部首　冖
结构　上下

"冠"字最早的字形上面是帽子的形象，下面是"元"，表示人的头，在头的右边有一"寸"，"寸"是人的手，这个字的整体形象表示用手拿着帽子戴到一个人的头上。这个字有两个读音，读作 guān 的时候是名词，表示帽子，读作 guàn 时，表示戴帽子。从帽子这个意思，引申为位居第一、首位，如"冠军"。

● 汉字的演变过程

篆书　　　隶书

● 汉字与成语典故

怒发冲冠　愤怒使得头发向上直竖，好像把帽子都要顶起来似的。形容愤怒到了极点。成语出自《庄子·盗跖》："谒者入通，盗跖闻之大怒，目如明星，发上指冠。"

蒙

mēng / méng / měng

笔画　13画
部首　艹
结构　上下

"蒙"字最早的字形是"冢",上面是"冖"字,"冖"字里加了一道线,作为装饰,下面的"豕"是一头猪的形象,整个字形表示用布把猪盖住,本义是蒙住、盖住。后来这个字一般不用,而用加上草字头的"蒙"来取代它。"蒙"本来表示一种草,后来一般表示蒙住,这个字有三个读音,一般读作 méng,表示错乱;读作 mēng 时,如"吓蒙了";表示蒙古这个民族和地区的时候,读作 měng。

● 汉字的演变过程

篆书　　隶书

● 汉字与成语典故

蒙面丧心　遮饰脸面,丧失良心。比喻厚颜无耻,忍心害理。明代《瞿式耜集·一·严诛附党台臣疏》:"臣惟魏崔之世,举朝混浊不清,附膻逐臭之夫,保富贵全性命为急,其蒙面丧心有由然也。"

生活篇 17

yuān

笔画 10画
部首 冖
结构 上下

　　"冤"字的字形是用布盖住兔子的形象，兔子被盖在下面无法舒展身体，所以"冤"的本义是弯曲、不能舒展，后引申为虚惘、受到不公正的对待，"冤枉""冤屈"都有被人不公正对待的意思。

● 汉字的演变过程

篆书　　隶书

● 汉字与成语典故

不白之冤　白：弄清楚。无法辩白申诉的冤枉。成语出自明代冯梦龙《东周列国志》第四十二回："咺之逃，非贪生怕死，实欲为太叔伸不白之冤耳！"

纟

衣服最原始的原料是丝线，所以和衣服有关的字很多是从绞丝旁造出来的。"纟"单独做字时古代一般写作"糸"，读作 mì，它的字形是一把蚕丝的形象，作为偏旁的时候，简化后变成"纟"。用"纟"所造的字一般和蚕丝、丝线等有关，"纟"是一个非常大的部首，组成的汉字非常多，如"丝线""红绿""纺织""纤维""纠缠""继续""缝纫"等。

生活篇

sī

笔画 5画
部首 一
结构 上下

"丝"字最初的字形是两把蚕丝的形象,本义是丝线、蚕丝。把两个简化的绞丝旁合在一起,成了连在一起的一条线,就是"丝"字的字形。

● 汉字的演变过程

| 甲骨文 | 金文 | 篆书 | 隶书 |

● 汉字与成语典故

千丝万缕 缕:麻、线,泛称线。意指千根丝,万条线。形容彼此之间关系复杂或联系密切。唐代刘禹锡《杨柳枝词九首(其七)》:"御陌青门拂地垂,千条金缕万条丝。如今绾作同心结,将赠行人知不知?"

yōu

幽

笔画 9画
部首 幺
结构 半包围

"幽"字的甲骨文字形上面是两把丝，下面是火，因为丝很细小，所以光线不好的情况下是看不清的，必须点火才能看清。"幽"的字形就是举着火看丝，表示光线不明亮、昏暗，"幽"的本义是昏暗。后来"幽"字下面的"火"写成了"山"字，从昏暗引申为幽深、幽远，幽深的环境里常常会显得很安静，所以又引申为僻静、清静，"幽居""幽静"都有安静的意思。

● 汉字的演变过程

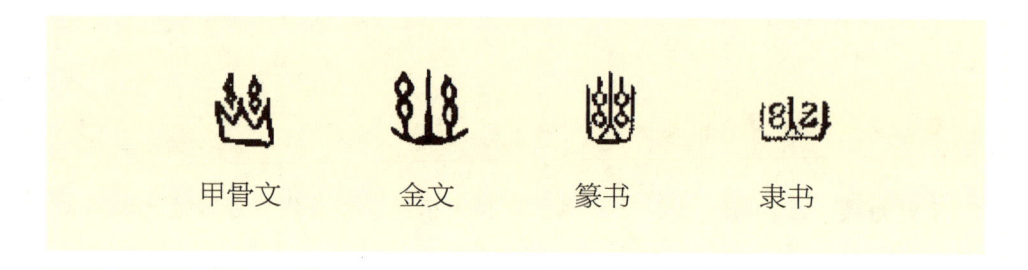

| 甲骨文 | 金文 | 篆书 | 隶书 |

● 汉字与成语典故

曲径通幽 曲：弯曲。径：小路。幽：僻静的地方。弯曲的小路一直通向幽深僻静的地方。形容美妙的境地。成语出自唐代常建《题破山寺后禅院》诗："曲径通幽处，禅房花木深。"

生活篇 21

jì/xì

笔画 7画
部首 丿
结构 上下

"系"字的最初形象是手提着两把丝，中间的线表示连在一起。"系"的本义是连接、连住，引申为世系、谱系，祖先和后代一代代地传承就组成世系，直系亲属表示直接的血缘关系。在表示以上意义时读作 xì。读作 jì 时表示拴住，如"系鞋带""系纽扣"。

● 汉字的演变过程

| 甲骨文 | 金文 | 篆书 | 隶书 |

● 汉字与成语典故

解铃系铃　比喻由谁引起的麻烦，应该由谁去解决处理。宋代释惠洪《林间集·下·法灯泰钦禅师》："一日，法眼问大众曰：'虎项下金铃，何人解得？'对者皆不契。钦适自外至，法眼理前语问之。钦曰：'大众何不道系者解得。'于是人人改观。"

yāo

笔画 3画
部首 幺
结构 独体

"幺"字的字形是一束小丝的形象，从细丝引申为细小，现在有些方言里还用"幺"来表示小的意思，比如，"幺妹"是排行最小的妹妹。"幺"又用来表示最小的数字一，在电话号码里有时候把"一"读作"幺"，麻将牌里的"一条"也叫"幺鸡"。

● 汉字的演变过程

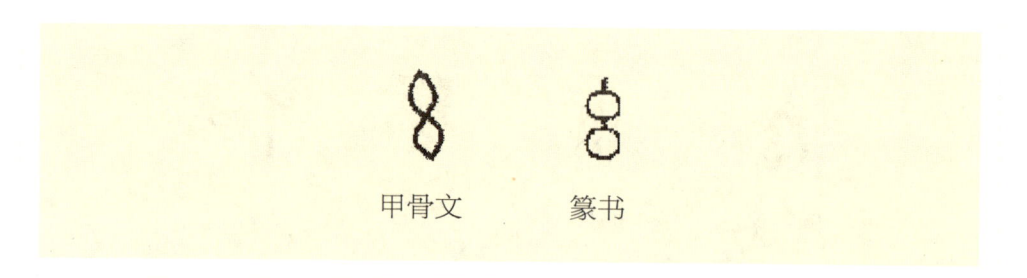

甲骨文　　篆书

● 汉字与成语典故

呼幺喝六　幺、六：赌博用的骰子上的点子。指赌博掷骰子时，精神紧张地大声呼叫。也形容盛气凌人的样子。《水浒全传》："那些掷色的，在那里呼幺喝六；撷钱的在那里唤字叫背。"

生活篇 23

xuán

笔画 5画
部首 亠
结构 上下

　　"玄"字最初的形象也是一束小细丝，从系的细丝引申为幽远、深远，比如"玄古"指远古。后又引申为深奥、不容易理解。"玄"又指苍天的颜色，即深青色，如《千字文》中的"天地玄黄，宇宙洪荒"。道教把道称为"玄虚"，后用"玄虚"来表示使人摸不透的花招和手段。

● 汉字的演变过程

| 甲骨文 | 金文 | 篆书 | 隶书 |

● 汉字与成语典故

故弄玄虚 玄虚：原指道家玄妙虚无的道理，这里指迷惑人的花招。泛指用言辞或手段使人迷惑，无法琢磨。也指故意玩弄花招来掩盖真相，以迷惑、欺骗别人。成语出自《韩非子·解老》："圣人观其玄虚，用其周行，强字之曰道。"

皀

"皀"读作 jí，是和吃饭有关的基本字源，指的是一碗白米饭，它最初的字形是 ⛾，下面是吃饭的碗，上面是盛满的饭，所以"皀"的本义是香喷喷的饭。用"皀"所造的字多和吃饭有关。

jí

笔画　7画
部首　卩
结构　左右

"即"字的字形左边最初是"皀"字的形象，表示一碗饭，右边是一个跪坐着的人，后来写成"卩"，一个人坐在食物前正吃饭，所以"即"的本义是就食、吃饭。吃饭的时候靠近饭，所以引申为走近、靠近的意思。古代的君主登上君主的位置，就叫作即位，这个"即"就是靠近、走上的意思。

● 汉字的演变过程

| 甲骨文 | 金文 | 篆书 | 隶书 |

● 汉字与成语典故

若即若离　即：靠近。好像接近，又好像不接近。形容两者既有关联又有距离，关系不紧密。鲁迅《高老夫子》："他的书虽然和《了凡纲鉴》也有些相合，但大段又很不相同，若即若离，令人不知道讲起来应该怎样拉在一处。"

jì

笔画 9画
部首 旡
结构 左右

"既"字的字形和"即"一样，也是一个人和一碗饭的形象，不同之处是人的形象是扭头向后的，表示人已经吃饱，吃饭的动作已经结束了，所以"既"的本义是结束，后又引申为已经、既然等虚词的意思。"即"和"既"两个字正好是相对的，"即使"是还没有发生的事情，"既然"是已经发生的，这从它们的造字源头可以看出。

● 汉字的演变过程

| 甲骨文 | 金文 | 篆书 |

● 汉字与成语典故

既往不咎　既：已经。往：过去。咎：责备，加罪。对过去做错的事不再责备。成语出自《论语·八佾》："成事不说，遂事不谏，既往不咎。"

生活篇 27

xiāng

笔画 3画
部首 ㇛
结构 独体

"乡"字最初的字形是一左一右两人相对坐着，中间摆着一碗饭，本义是两个人相对而食，后又引申为基层行政区划的名字。"乡村""乡邑"最初指的是在一起饮食起居的人，这个用法沿用至今，现在中国农村的基层单位还在用乡。因为两个人是相对而食，所以"乡"又有朝向、趋向的意思，后来改用"向"。

● 汉字的演变过程

甲骨文　　篆书

● 汉字与成语典故

入乡随俗　到了一个地方，就遵从那里的风俗习惯。成语出自《庄子·山木》："入其俗，从其令。"

食（饣）

"食"字是表示吃饭最常见的基本字源，它的甲骨文字形是 ，底下是一个装满了饭的碗——"皀"的形状，上面加了一个盖子，表示的意思跟"皀"表示的意思是一样的。"食"的本义是吃饭时吃的东西，做偏旁时，古代写作"飠"，现代根据草书做了简化，写作"饣"。

带食字旁的字有很多，吃的东西、表示吃的动作或者状态多用食字旁来造字。

生活篇 29

bǎo

饱

笔画　8画
部首　饣
结构　左右

　　"饱"字在篆书中左边的食字旁表示跟食物、吃饭有关系，右边的"包"表示读音，也表示一定的含义，"饱"像一个人吃饱了以后肚子装满的形象，肚子吃饱了像圆圆的包裹，所以"饱"的本义是吃饱。一个人吃饱后会满足，又引申为足和充分的意思，比如"饱满"。

● 汉字的演变过程

篆书　　　隶书

● 汉字与成语典故

中饱私囊　中饱：中间得利。指从中取利。成语出自《韩非子·外储说右下》："薄疑谓赵简主曰：'君之国中饱。'简主欣然而喜曰：'何如焉？'对曰：'府库空虚于上，百姓贫饿于下，然而奸吏富矣。'"

饰

shì

笔画 8画
部首 饣
结构 左右

"饰"字在篆书中左边是食字旁，表示读音，右边是一个人拿着布的形象，"巾"表示含义，意思是布，这里表示拿布来擦，所以"饰"的本义是擦饰，用布来擦东西，引申为打扮、装扮。

● 汉字的演变过程

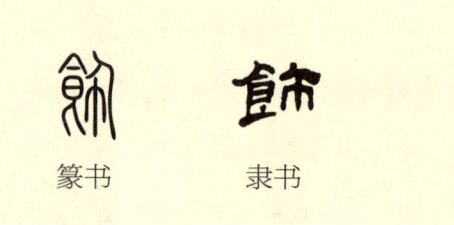

篆书　　隶书

● 汉字与成语典故

矫情自饰　矫情：克制情绪。饰：掩饰。指故意违反常情以粉饰自己。成语出自《三国志·曹植传》："文帝（曹丕）御之以术，矫情自饰，宫人左右并为之说，故遂定为嗣。"

生活篇 31

yǎng

笔画 9画
部首 丷
结构 上下

　　"养"字的繁体字写作"養"，字形上面是"羊"，下面是食物的"食"，表示拿着食物给羊吃。"养"的本义是饲养，从饲养引申为养活、培养。这个字形简化后看不出它和"食"字的关系了。

● 汉字的演变过程

| 甲骨文 | 金文 | 篆书 | 隶书 |

● 汉字与成语典故

韬光养晦　韬：本义是剑套，这里借指隐藏。光：光芒，锋芒。晦：昏暗，不清晰。养晦：暂且引退的意思。比喻暂且隐藏自己的锋芒或才能，不使外露。成语出自《旧唐书·宣宗纪》："历太和会昌朝，愈事韬晦，群居游处，未尝有言。"

jī

笔画 5画
部首 饣
结构 左右

"饥"字在篆书中有两个字形，第一个字形是"飢"，旁边的"几"表示一张小桌子，指饥饿。另一个字形是"饑"，右边的"幾"意思是几乎，后来引申为"几个"的"几"，这个字表示庄稼收成不好。这两个字在古代含义不同，后来在简化字中表示数量用"几"，表示饥饿用"饥"。

● 汉字的演变过程

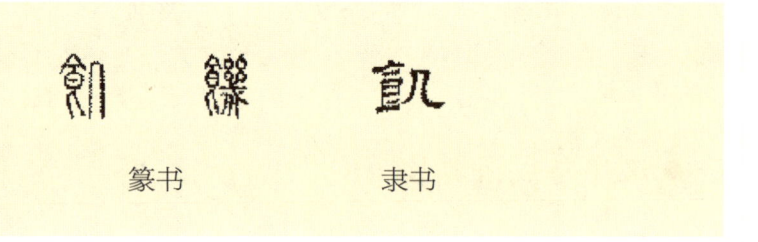

篆书　　　　　隶书

● 汉字与成语典故

画饼充饥　充饥：解饿。画饼来缓解饥饿。比喻虚幻的东西于事无补。也比喻用空想来自我安慰。《三国志·卢毓传》："选举莫取有名，名如画地作饼，不可啖也。"

鼎（贝）

"鼎"是古代煮食物的石器，"鼎"字是象形字，甲骨文写作 ，金文写作 ，下面是三足，上面有两耳，中间是它的容器，肚子很大。鼎的作用相当于后来的锅，用来把食物煮熟。鼎在古代比较贵重，只有贵族才能够使用，如"钟鸣鼎食之家"。后来鼎成为礼器和权力的象征，"问鼎"表示图谋王位。

"鼎"的隶书写法为 ，字形变简单以后，和"贝"字比较类似，所以后来它作偏旁时和"贝"字混在一起，都写作"贝"。从"鼎"造出来的字一般和食器、礼器有关系。

zé

笔画 6画
部首 刂
结构 左右

"则"字的金文字形左边是"鼎",右边是一把刀,表示用刀在鼎上刻字,表示把法律、法规刻在鼎上。"则"的本义是规范、准则。

● 汉字的演变过程

金文　　篆书

● 汉字与成语典故

穷则思变 穷:穷尽。思:琢磨,考虑。事物发展到极点时就要发生变化。后指人处于十分穷困无路可走之境时就会努力改变现状。成语出自《周易·系辞下》:"神而化之,使民宜之,易穷则变,变则通,通则久。"

生活篇

员
yuán/yún/yùn

笔画　7画
部首　口
结构　上下

　　"员"字的甲骨文字形下面是鼎的形象，上面的字形最初是一个圆圈，表示鼎口，鼎口是圆形的，所以就用"员"字表示圆形。后来在"员"的周围加了一个大方框，表示范围，就成了"圆"字。因为一个鼎只有一个口，所以"员"又表示东西和人的数量，比如"会员""队员"。"员"字还可以表示周围、范围，如"幅员辽阔"。

● 汉字的演变过程

| 甲骨文 | 金文 | 篆书 | 隶书 |

● 汉字与成语典故

反面教员　对人起着反面的教育作用的人或集体。李娟娟等《血染的爱》："出了最大的反面教员，我们的党可以从这场血淋淋的惨痛的教训中汲取教益。"

zhēn 贞

笔画 6画
部首 贝
结构 上下

"贞"字在金文中是鼎的形象加上"卜"字,"卜"表示占卜、卜问,合在一起表示占卜、吉祥。"贞"的本义是占卜吉祥,后引申为正直、坚定、有操守,如"忠贞不渝"。一个女子没有出嫁或者只嫁一个丈夫,也用"贞"来形容,如"贞洁"。

● 汉字的演变过程

| 甲骨文 | 金文 | 篆书 | 隶书 |

● 汉字与成语典故

坚贞不屈 贞:有节操。屈:屈服。坚守节操,不屈服。成语出自《荀子·法行》:"夫玉者,君子比德焉,温润而泽,仁也……坚刚而不屈,义也。"

鬲

"鬲"读作 lì，是一种做饭的工具，它的形状和鼎比较像，也是圆口，有三个足，三足的中间是空的，便于增加受热的面积。"鬲"的本义是蒸煮的炊具，从"鬲"所造的字多和炊具有关系。

róng

- 笔画 16画
- 部首 虫
- 结构 左右

"融"字的甲骨文字形下面是"土",上面是三条虫,后来改了造字方法,左边变成"鬲",表示加热融化,右边的"虫"表示读音。"融"的本义是融化,把固体加热变成液体,所以引申义为融合、调和。词语"融会贯通"的意思是把各方面的知识、道理合在一起,从而得到一个全面、透彻的理解。

● 汉字的演变过程

| 甲骨文 | 篆书 | 隶书 |

● 汉字与成语典故

其乐融融 其:指示代词,其中的。融融:和睦愉快的样子。形容十分和睦、快乐。成语出自春秋时代左丘明《左传·隐公元年》:"公入而赋:'大隧之中,其乐也融融!'姜出而赋:'大隧之外,其乐也泄泄!'遂为母子如初。"

生活篇 39

gé

笔画 12画
部首 阝
结构 左右

"隔"的左耳旁表示高坡，"鬲"表示煮饭的工具，它有三只脚，用来表示隔开的意思。"隔"的本义是阻断、隔开。在人或者哺乳动物的胸腔和腹腔之间有一个膜状的肌肉，因为它是把胸腔和腹腔隔开的，所以把它叫做隔膜，后用"隔膜"这个词来比喻彼此有意见或者一个人对某件事情比较外行。

● 汉字的演变过程

篆书　　隶书

● 汉字与成语典故

隔靴搔痒　搔：挠。比喻说话、做事、写文章没有抓住关键。宋代严羽《沧浪诗话·诗法》："意贵透彻，不可隔靴搔痒。"

献 xiàn

笔画 13画
部首 犬
结构 左右

"献"字左边是"鬲",右边是"犬",在这里表示狗肉,"鬲"是蒸煮的工具,整个字的字形表示把狗肉煮熟以后献给祖先来祭祀。后来,加上"虍"表示声音,合在一起就成了繁体字"獻",简化字根据草书做了简化,把左边的部分改成"南"。"献"的本义是向祖先和神灵奉献祭牲,引申义是敬献、献上,又引申为表演给别人看,比如"献殷勤""献丑"都有表演的意思。

● 汉字的演变过程

甲骨文	金文	篆书	隶书

● 汉字与成语典故

借花献佛 比喻拿别人的东西来做人情。成语出自《过去现在因果经》:"今我女弱,不能得前,请寄二花,以献于佛。"

酉

"酉"字甲骨文写作🍶，是酒坛的形象，上面是酒坛的长径和口，下面是酒坛的瓶体，早期"酉"字的字形，酒坛下面的底座是尖形的，便于倒酒和运输，后来变成了平底。用"酉"所造的字多和酒、装酒的器具有关系。在古代，"酉"的作用非常大，不仅仅在宴会或者享乐的时候饮酒用，也是祭祀时所使用的重要用具。

酒

jiǔ

笔画　10 画
部首　氵
结构　左右

"酒"字的甲骨文字形是在酒坛旁画了一些水，表示从酒坛里倒出的液体。"酒"的本义是用粮食或者水果发酵制成的含乙醇的饮料，"酒"字的含义古今相同。

● 汉字的演变过程

| 甲骨文 | 金文 | 篆书 | 隶书 |

● 汉字与成语典故

对酒当歌　当：应当。对着酒应当高声放歌。指宾朋饮酒时应及时行乐。成语出自曹操《短歌行》："对酒当歌，人生几何？譬如朝露，去日苦多。"

生活篇 43

zūn

笔画 12画
部首 寸
结构 上下

"尊"字也是用酒坛的形象造出来的，最早的字形是两只手捧着酒杯敬酒，后来在酒杯上加上两点，表示酒满了要溢出来的样子，下面的手换成"寸"字。"尊"字有两个含义，一是举杯敬酒，表示敬酒的动作，后又引申为尊敬；二是盛酒的器具，后加上"木"，成了"樽"字，表示用木头制成的酒杯，这个酒用于祭祀。

● 汉字的演变过程

甲骨文	金文	篆书	隶书

● 汉字与成语典故

尊师重道 尊敬师长，重视应该遵循的道德观念。《后汉书·孔僖传》："臣闻明王圣主，莫不尊师贵道。"

酌

zhuó

笔画 10画
部首 酉
结构 左右

"酌"字的左边是酒坛，右边是勺子，表示用勺子把酒从酒坛里舀出来给人喝，所以"酌"的本义是倒酒。李白的诗句"花间一壶酒，独酌无相亲"中的"独酌"是自己给自己倒酒。倒酒的时候要考虑杯子里能够盛多少，所以"酌"引申为考虑的意思，如"斟酌"。

● 汉字的演变过程

甲骨文	金文	篆书	隶书

● 汉字与成语典故

字斟句酌 斟、酌：估量，指对文字运用是否得当加以推敲。一个字、一句话地进行推敲。形容写作或讲话慎重认真。清代纪昀《阅微草堂笔记》卷一："《论语》《孟子》，宋儒积一生精力，字斟句酌，亦断非汉儒所及。盖汉儒重师传，渊源有自；宋儒尚心悟，研索易深。"

生活篇

jiàng

笔画 13画
部首 酉
结构 上下

"酱"字的甲骨文字形上面是肉,下面是"鼎",表示从鼎中拿出肉用来祭祀,在金文中把"鼎"换为"酉"。"酱"的本义是肉酱,后来又用它来表示发酵后的豆子、麦子等做成的一种调味品,像豆酱、甜面酱等。

● 汉字的演变过程

| 甲骨文 | 金文 | 篆书 |

● 汉字与成语典故

油盐酱醋　比喻工作中的配件,或生活琐事。清代吴趼人《二十年目睹之怪现状》第三十二回:"景翼便把阿良那节事写信给鸿甫,信里面总是加了些油盐酱醋。"

畐

  "畐"读作 fú，是一个与盛酒的容器有关的基本字源。"畐"最初的字形是 ，是一个酒杯的形象，里面画上十字，表示装满了酒。"畐"的本义是充满，用"畐"造的字和充满、酒樽有关系。

生活篇 47

fù

笔画 12画
部首 宀
结构 上下

"富"的字形上面是房屋，"畐"表示充满的意思，合在一起表示屋子里面充满了财富。"畐"的本义是财物多、富足，和贫相对。

● 汉字的演变过程

| 金文 | 篆书 | 隶书 |

● 汉字与成语典故

学富五车　五车：指五车书。学识足有五车书那样丰富。形容人读书多，学识渊博。成语出自《庄子·天下》："惠施多方，其书五车。其道舛驳，其言也不中。"

fù

笔画　11画
部首　刂
结构　左右

"副"字的金文字形中间是一把刀，两边是两个酒樽，表示用刀把两个酒樽从中间分开，后来为了写起来简单，就留下了一个酒樽和一把刀，变成了现在的字形。"副"的本义是剖分、剖开，引申为相称、相配，又引申为一双、一对。

● 汉字的演变过程

金文　篆书　隶书

● 汉字与成语典故

名不副实　副：符合。名声和实际不相符合。汉代祢衡《鹦鹉赋》："惧名实之不副，耻才能之无奇。"三国刘邵《人物志·效难》："中情之人，名不副实，用之有效。"

生活篇

fú 福

笔画 13画
部首 礻
结构 左右

"福"字的甲骨文字形是用酒来祭祀的形象，双手举起酒樽向祭台倒酒祭祀，表示祭祀神灵乞求神鬼保佑，后来这个字形把手给取消了，留下酒樽和祭台。"福"的本义是保佑、赐福。

● 汉字的演变过程

| 甲骨文 | 金文 | 篆书 | 隶书 |

● 汉字与成语典故

福过灾生　享福过度就要招致灾祸，乐极生悲。东晋庾亮《上书让中书监》："小人禄薄，福过灾生，止足之分，臣所宜守。"

bī

笔画 12画
部首 辶
结构 半包围

"逼"字和走路、行走有关，"畐"表示充满，东西充满了就会感觉到压迫，所以引申为距离上的迫近。"逼"的本义是迫近、接近，迫近之后会有威胁感，引申为逼近危险的意思。

● 汉字的演变过程

篆书　　隶书

● 汉字与成语典故

咄咄逼人　咄咄：让人惊惧的叹词。指说话令人难堪，很伤人。形容人气势汹汹、盛气凌人的样子。后也用以指形势发展迅速，给人以压力。《世说新语·排调》："殷有一参军在坐，云：'盲人骑瞎马，夜半临深池。'殷曰：'咄咄逼人！'"

豆

　　"豆"字最早是一种盛放食物的器皿,一般用木头制作而成,高脚、圆口,它是一个象形字,甲骨文写作🔾,后来假借"豆"字表示豆类植物的意思,豆类植物原本写作"菽"。因为"豆"字有两个来源,所以它造出来的字与石器、豆类植物有关系。

dēng

笔画　12画
部首　癶
结构　上下结构

"登"字下面是"豆",是两只手捧着一个器具的形象,上面部分是两只脚在向上走。"豆"是古代祭祀用的礼器,这个字形是祭祀的时候走上神台敬献的样子,后来字形省去了两只手,只留下两只脚的样子。"登"的本义是敬献,因为敬献的时候要到台上去,所以这个字又有升高的意思,如"登高""登山"。

● 汉字的演变过程

| 甲骨文 | 金文 | 篆书 | 隶书 |

● 汉字与成语典故

登峰造极　造:到达。极:最高点。意指攀登到山顶,到达最高点。比喻造诣极高,也泛指高达极点。南朝宋刘义庆《世说新语·文学》:"不知便可登峰造极不?然陶练之功,尚不可诬。"

生活篇 53

笔画 5画
部首 礻
结构 左右

"礼"字繁体字写作"禮","豊"字是豆里面盛满玉器的形象，表示祭祀所用的器具，"礼"的本义是敬神祭神，后引申为礼节和礼仪。

● 汉字的演变过程

| 甲骨文 | 金文 | 篆书 | 隶书 |

● 汉字与成语典故

分庭抗礼 庭：庭院。分庭：分别立在庭院里。抗：相当，对等。抗礼：相对行礼。原指宾主相见，分立于庭院两边，相对行礼，以示平等相待。后比喻地位平等，互相对立。成语出自《庄子·渔父》："万乘之主，千乘之君，见夫子未尝不分庭伉（抗）礼。"

皿

　　"皿"字的字形是带着底座的碗碟，它的本义是器皿，指像盘、盂一类的东西。用"皿"所造的字多和容器有关系。

生活篇 55

yì

笔画　10画
部首　皿
结构　上下

　　"益"字的字形是水充满容器向外溢出的样子,它的本义是水满之后向外溢出,后来给"益"加了三点水造出"溢"字,表示跟水有关,后引申为增加、更加,又引申为好处。

● 汉字的演变过程

| 甲骨文 | 金文 | 篆书 | 隶书 |

● 汉字与成语典故

集思广益　集:合。广:扩大。益:好处。集合众人的意见和智慧,以便收到更大的效益。成语出自诸葛亮《与群下教》:"夫参署者,集众思广忠益也。"

yíng 盈

笔画　9画
部首　皿
结构　上下

"盈"字最早的字形是一个人在盆里洗澡，水往外溢的样子，表示盆里的水已经满了，所以"盈"的本义是充满，又引申为多出和有余的意思。

● 汉字的演变过程

| 甲骨文 | 篆书 | 隶书 |

● 汉字与成语典故

彼竭我盈　彼：对方。竭：尽。盈：充沛，旺盛。对方士气低落，我方的士气正旺盛；对方内部空虚，我方实力雄厚。成语出自《左传·庄公十年》："夫战，勇气也。一鼓作气，再而衰，三而竭。彼竭我盈，故克之。"

生活篇 57

xiě/xuè

笔画 6画
部首 血
结构 独体

"血"字有两个读音，一个读作 xiě，一个读作 xuè，口语一般读作 xiě。古代有杀生取血的习惯，"血"字是一滴血滴到容器当中的形象。血的本义表示人或者动物的血液。

● 汉字的演变过程

| 甲骨文 | 篆书 | 隶书 |

● 汉字与成语典故

呕心沥血 呕：吐。沥：滴。指心吐出来，血滴下来。形容用尽心思，多用于创作构思，出谋设计。"呕心"出自唐代李商隐《李贺小传》："是儿要当呕出心始已耳。""沥血"出自汉代赵晔《吴越春秋》：（伍子胥谏曰）不灭沥血之仇，不绝怀毒之怨，犹纵毛炉炭之上幸其（不）焦，投卵千钧之下望必全，岂不殆哉！"

méng

笔画 13画
部首 皿
结构 上下

"盟"字的造字原理和"血"类似，画了用碗来取血的形状，后来这个字形上面的一滴血改成"明"，意思是表明心迹。"盟"的本义是结盟，缔结、联合，从结盟又引申为发誓。

● 汉字的演变过程

| 甲骨文 | 篆书 | 隶书 |

● 汉字与成语典故

山盟海誓 指像高山大海一样永不改变的盟约誓言。多指男女相爱，表示永不变心的誓言。《警世通言》："自遇郎君，山盟海誓，白首不渝。"

生活篇

dào

盗

笔画　11画
部首　皿
结构　上下

    "盗"字的甲骨文字形上面是一个张大嘴巴的人的形象，旁边有几滴表示流出来的口水，下面是器皿，这个字的字形表示看到别人的器皿就流口水，"盗"的本义是偷、偷窃，后来又指抢劫的人。

● 汉字的演变过程

甲骨文　　篆书

● 汉字与成语典故

鸡鸣狗盗　学鸡啼鸣，学狗偷窃。后来常用这个词指微末不足称道的技能，也指有这类技能的人。成语出自《史记·孟尝君列传》，据载：齐孟尝君出使秦，被昭王扣留，孟一食客装狗钻入秦营，偷出狐白裘献给昭王妾，以说情放孟。孟逃至函谷关时，昭王又令追捕。另一食客装鸡叫引众鸡齐鸣骗开城门，孟得以逃回齐。

zéi

笔画 10画
部首 贝
结构 左右

"贼"字的字形里有个"戈","戈"是古代的兵器,兵器伤人,所以"贼"的本义是伤害,引申为强盗。在近代,它的含义发生了变化,一般用"盗"来表示强盗,用"贼"来表示小偷。

● 汉字的演变过程

| 金文 | 篆书 | 隶书 |

● 汉字与成语典故

做贼心虚 指做了坏事,因为怕人发觉而内心不安。《五灯会元·明州雪窦重显禅师》:"(师)却顾谓侍者曰:'适来有人看方丈么?'侍者曰:'有。'师曰:'作(做)贼人心虚。'"

宀

　　"宀"这个字形作为偏旁称为宝盖头，单独做字时读作 mián，它写作⌂，是一个象形字，它的字形是一座房子，上面是屋顶，两边表示墙壁。宝盖头的本义是房屋，从宝盖头造的字多和房屋、覆盖有关。在和住有关的汉字里，"宀"是最为常见的基本字源，由它组成的汉字也是最多的。

bǎo

笔画　8画
部首　宀
结构　上下

"宝"最初的字形上面是一个房屋，里面有贝壳、玉、表示陶瓷用具的"缶"，这些都是很值钱的东西，所以"宝"的本义是珍贵的东西，简化字中只留下玉，它最初造字的本义是把非常珍贵的东西放到房子里。

● 汉字的演变过程

| 甲骨文 | 金文 | 篆书 |

● 汉字与成语典故

物华天宝　万物的精华都是天所赋予的宝物。泛指不同地域所独具特色的珍异之物。成语出自唐代王勃《秋日登洪府滕王阁饯别序》："物华天宝，龙光射牛斗之墟；人杰地灵，徐孺下陈蕃之榻。"

生活篇　63

ān

笔画　6画
部首　宀
结构　上下

　　"安"字的甲骨文字形上面是一个房子，里面是两手交叉跪坐的女子。原始社会时，外面充满了危险，女子待在家里是最安全的，所以"安"的本义是安全、安定。

● 汉字的演变过程

| 甲骨文 | 金文 | 篆书 | 隶书 |

● 汉字与成语典故

安居乐业　居：居住。乐：喜欢。业：职业。指人们安定地生活，愉快地工作。成语出自《老子》第八十章："甘其食，美其服，安其居，乐其俗。"《汉书·货殖传》："各安其居而乐其业。"

jiā/jie/jia

笔画 10画
部首 宀
结构 上下

"家"字的字形上面是一个房子，下面是一头猪的形象。在原始社会，一个家庭有两个最主要的职能：一是供人居住；二是要有吃的东西，要养一些牲畜。"家"的本义是家庭、住所，这个含义古今相同。

● 汉字的演变过程

| 甲骨文 | 金文 | 篆书 | 隶书 |

● 汉字与成语典故

家徒四壁 徒：只有。壁：墙壁。家里只有四面墙壁。形容穷得一无所有。成语出自《史记·司马相如列传》："文君夜亡奔相如，相如乃与驰归成都，家居徒四壁立。"

生活篇

kè

笔画 9画
部首 宀
结构 上下

"客"字的金文字形下面是"各","各"字的上面是脚,下面是"口",表示到达的意思,加上房屋的形象,合在一起表示一只脚走到家门口,走到自己家门口的人称为客人,所以"客"的本义是客人。

● 汉字的演变过程

| 金文 | 篆书 | 隶书 |

● 汉字与成语典故

宾客盈门 来访的客人挤满门庭,多形容地位名望高的人好客。《汉书·朱博传》:"博为人廉俭,不好酒色游宴……然好乐士大夫,为郡守九卿,宾客满门,欲仕宦者荐举之,欲报仇怨者解剑以带之。"

bīn

笔画 10画
部首 宀
结构 上下

"宾"字的繁体字写作"賓",上面是房屋,下面是人到达门口的形象,最下面的"贝"表示礼物,带着礼物做客是比较正式的客人。"宾"表示正式地拜访,现在把"宾"和"客"混在一起使用,但是在正式场合一般用"宾"。

● 汉字的演变过程

| 甲骨文 | 金文 | 篆书 | 隶书 |

● 汉字与成语典故

宾至如归 客人到了这里好像回到自己的家里一样。形容主人招待热情、周到,使来客感到满意。《左传·襄公二十一年》:"宾至如归,无宁灾患,不畏寇盗,而亦不患燥湿。"

生活篇

宿

sù/xiù/xiǔ

笔画 11画
部首 宀
结构 上下

"宿"字的甲骨文字形上面是一个房屋，下面是一个人在席子上睡觉。"宿"的本义是夜晚睡觉、居住的意思，又引申为隔夜，进一步引申为旧的、一向都有的。上面这几个意思一般读作sù。"宿"用作量词时，读作xiǔ，专门用来表示夜，如"住了一宿"。"宿"字还可读作xiù，用来表示星星的集合体，如"星宿"。

● 汉字的演变过程

甲骨文	金文	篆书	隶书

● 汉字与成语典故

晓行夜宿　晓：天刚亮。宿：住店，休息。天刚亮就上路，天黑了才住店休息。形容旅途辛苦。鲁迅《故事新编·采薇》："（两位义士）讨着饭，晓行夜宿，终于到了首阳山。"

穴

　　"穴"是人类最早居住的一种半地下室的土屋，这种土屋是在平地上挖出一个大土坑，把坑地作为墙，再用茅草在这个坑顶上搭建斜的屋顶。"穴"字最早的字形就像一个屋顶的形状，它的本义是半地下室的土室，引申为洞窟，所造的字多和洞窟或者空间有关。

kōng/kòng

笔画 8画
部首 穴
结构 上下

"空"字是形声字，上面的"穴"表示洞窟，"工"表示声音。"空"的本义是孔穴，因为孔穴的中间是空的，所以引申为空、空虚，又引申为穷尽、没有。

● 汉字的演变过程

| 金文 | 篆书 | 隶书 |

● 汉字与成语典故

空前绝后 绝：断绝。从前没有，以后也绝不会再有。形容十分杰出，绝无仅有。清代田雯《论五言古诗》："渊明一出，空前绝后，学者谁敢轻加位置，由其诗高、其人异也。"

qiāng

笔画 12画
部首 月
结构 左右

"腔"字左边的"月"表示与肉和身体有关,"空"表示中间是空的。"腔"的本义是动物体内中空的部分。

● 汉字的演变过程

篆书

● 汉字与成语典故

拿腔作势 腔:腔调。势:姿势。故意拿腔拿调,做出某种姿态以引人注意。形容故意做作。清代曹雪芹《红楼梦》第四十六回:"我先过去了,太太后过去,若他依了便没话说;倘或不依,太太是多疑的人,只怕就疑我走了风声,使他拿腔作势的。"

生活篇 71

tū

笔画 9画
部首 穴
结构 上下

"突"字上面的"穴"表示洞穴，下面的"犬"表示一只狗，这个字形表示的是狗从洞里一下子蹿了出来。"突"的本义是突然、猛然。

● 汉字的演变过程

甲骨文　　篆书

● 汉字与成语典故

异军突起　异：不同。另外一支军队突然崛起。比喻与众不同的新事物或新派别突然崛起，独树一帜。成语出自《史记·项羽本纪》："少年欲立婴便为王，异军苍头特起。"

cuàn

笔画 12画
部首 穴
结构 上下

"窜"字最早的字形上面是"穴",下面是一只"鼠",表示老鼠逃到洞穴里藏了起来。"窜"的本义是藏起来,引申为逃跑、乱跑,现在的字形把老鼠的形象改成"串",只用来表示声音。

● 汉字的演变过程

篆书

● 汉字与成语典故

抱头鼠窜 抱着头像老鼠一样逃窜。形容受到沉重打击后仓皇逃命的狼狈相。《汉书·蒯通传》:"常山王奉头鼠窜,以归汉王。"

厂

　　"厂"字头在古代单独作字时读作 hǎn，它的甲骨文字形写作🗲，是一座山崖的形象，"厂"的本义是山崖。在古代都是倚着山崖来建筑房屋的，所以用"厂"造的字多和山崖、房屋有关。

dàn/shí

笔画 5画
部首 石
结构 独体

"石"是象形字,在山崖底下有一块大石头,后来石头变成"口"字。"石"的本义是岩石、石头。

● 汉字的演变过程

| 甲骨文 | 金文 | 篆书 | 隶书 |

● 汉字与成语典故

水滴石穿 水不断地往下滴,时间久了,也能把石头打穿。比喻力量虽小,只要有恒心,坚持不懈,就能把事情办成功。成语出自宋代罗大经《鹤林玉露·一钱斩吏》:"一日一钱,千日一千,绳锯木断,水滴石穿。"

生活篇

yuán

笔画 10画
部首 厂
结构 半包围

"原"字的金文字形上面是一座山崖，下面是泉水往外流出的形象。这个字的本义是水源，从水源和源头引申为根源、原来。

● 汉字的演变过程

| 金文 | 篆书 | 隶书 |

● 汉字与成语典故

星火燎原 星火：一点儿火星，比喻细小。燎：燃烧。原：原野。原野上一点点小火星，就可以烧遍整个原野。原比喻小事故可以酿成大的祸乱，现用来比喻开始显得微弱的革命力量或新生事物很快就能发展壮大。清代严有禧《漱华随笔·贺相国》："天下事皆起于微，成于慎，微之不慎，星火燎原，蚁穴溃堤，吾畏其卒，故怖其始也。"

àn

笔画 8画
部首 山
结构 上下

"岸"字最初的字形上面是"山",下面是"厂",表示山崖,后来这个字形里加上"干","干"表示盾牌,在这里表示水边的高地,可以挡住水,所以"岸"的本义是水边的高地。

● 汉字的演变过程

篆书　　　　隶书

● 汉字与成语典故

隔岸观火　隔着河看人家着火。比喻对别人的危难不去帮助,反而在一旁看热闹。成语出自五代乾康《投谒齐己》:"隔岸红尘忙似火,当轩青嶂冷如冰。"

生活篇

yá

笔画 11画
部首 山
结构 上下

"崖"字下面的"圭"表示读音,"崖"的本义是高地。古代的"崖"还有一个写法是"厓",仍然表示山崖的意思,这个字形后来一般不用。"涯"字便是根据这个字造出来的,它的本义也是水边的高地,引申为所有的边际和极限。

● 汉字的演变过程

篆书　　隶书

● 汉字与成语典故

悬崖勒马　悬崖:陡峭的山崖。在陡峭的山崖边勒住了马。比喻面临危险能够及时醒悟回头。《花月痕》三十一回:"觉岸回头,悬崖勒马,非具有夙根,持以定力,不能跳出此魔障也。"

厉

笔画	5画
部首	厂
结构	半包围

"厉"字的繁体字形写作"厲",上面是"厂",下面是"万"的繁体字形。"厉"的本义是粗糙的磨刀石,引申为磨刀,再引申为继续努力、坚持不懈。

● 汉字的演变过程

金文	篆书	隶书

● 汉字与成语典故

变本加厉 本:原来。厉:猛烈。原意指变得比原来更进一步。后形容比原来更加严重。南朝梁萧统《文选·序》:"盖踵其事而增华,变其本而加厉,物既有之,文亦宜然。"

广

"广"字头在古代单独作字时读作 yǎn，是在山崖前面的形象，本义是借助山崖建造的没有前墙的敞屋，用"广"字头造出来的字多和房屋有关。

"广"的繁体字字形"廣"是形声字，上面的"广"字头，表示房屋，"黄"表示读音，"广"字的本义是四周没有墙壁的大屋，引申为广大、众多等含义。

kù

笔画 7画
部首 广
结构 半包围

"库"字上面的"广"表示房屋，里面的"车"表示战车、兵车，这里表示收藏兵车的地方。"库"的本义是收藏兵器、兵车的地方，后来引申为一般的仓库，即收藏钱粮物品等的房屋。

● 汉字的演变过程

金文　　篆书

● 汉字与成语典故

刀枪入库　刀和枪都收起来了，指没有战争时，解除武装，不做戒备。出自清代钱彩《说岳全传》："其时天下太平已久，真个是：马放南山，刀枪入库，五谷丰登，万民乐业。"

生活篇

fǔ

笔画 8画
部首 广
结构 半包围

　　"府"字的金文字形上面是一座房屋，下面是"付"，"付"字是一个人和一只手的组合，表示交给，下面的"贝"表示钱财，所以"府"的本义是储藏财物的地方。

● 汉字的演变过程

| 金文 | 篆书 | 隶书 |

● 汉字与成语典故

心无城府　城府：城市和官府，借指待人处事的心机。指为人坦率真诚，无所隐藏。明代袁宏道《寿曾太史封公七十序》："余闻封公貌无文饰，心无城府，鹿豕木石之辈，尔而汝之，无忤色焉。"

má

笔画 11画
部首 广
结构 半包围

"麻"字的金文字形上面是山崖,下面是把门劈开的形象,这两部分合在一起表示在山崖下面披麻和晒麻,后来把"厂"改成"广",成了现在的字形。

● 汉字的演变过程

| 金文 | 篆书 | 隶书 |

● 汉字与成语典故

麻木不仁 不仁:肢体失去知觉。原指肢体麻木,失去知觉;后用来比喻对事物反应迟钝或毫不关心。《朱子语类》:"心既不仁,便是都不醒了。如人身体麻木,都不醒了,自是与礼乐不相干事。"

生活篇 83

厦

shà/xià

- 笔画 12画
- 部首 厂
- 结构 半包围

"厦"字是形声字，"广"字头表意，表示与房屋有关，"夏"表音。后来"广"变成"厂"，成为现在的字形。"厦"的本义是大屋。

● 汉字的演变过程

篆书

● 汉字与成语典故

大厦将倾 倾：倒塌。高大的房屋即将倒塌。比喻形势危急，面临着崩溃的危险。明代梁辰鱼《浣纱记·论侠》："今父王听信奸臣，着老相国远使齐地，国势渐乱，大厦将倾。"

荧

"荧"是在房屋里造火的形象,"荧"金文字形写作 ,下面部分代表住的地方,上面是两个火把,表示在屋子里点起火把照明,所以"荧"的本义是微弱的光。"荧"单独作字时,一般在下面加一个"火"字,写成"荧"字,做偏旁时只写上面的部分。"荧"所造的字多和光亮、围绕有关。

yíng

笔画 10画
部首 艹
结构 上下

"莹"字上面的部分表示发光，下面是"玉"，合在一起表示能够发光的玉石。"莹"的本义是光洁的像玉的石头，又表示光洁、透明。

● 汉字的演变过程

篆书　　隶书

● 汉字与成语典故

八面莹彻　比喻精明练达，洞察一切。清代袁枚《小仓山房文集·三·文华殿大学士尹文端公神道碑》："（公）遇事镜烛犀剖，八面莹彻，而和颜接物，虽素不喜者，亦必寒暄周旋。"

yíng

笔画 11画
部首 艹
结构 上下

"萤"字上面的部分表示发光,下面是"虫",合在一起表示能够发光的虫子,即萤火虫。

● 汉字的演变过程

篆书

● 汉字与成语典故

囊萤映雪 囊萤:晋代车胤家里贫困,夏天捉来数十只萤火虫装在口袋里,借其光读书。映雪:晋代孙康聪明好学,家里不能点灯,冬天夜间利用照在雪地上的反光来映雪读书。这个成语比喻贫困条件下的刻苦读书。宋代刘克庄《后村全集》:"(宜人)皆服其劳,无陨获,故夫子得囊萤映雪,不以家衡虑;贤郎得担簦负笈,不以贫辍学。"

生活篇

róng

笔画 9画
部首 艹
结构 上下

"荣"字上面的部分表示发光，下面是"木"，表示草木开的花光彩照人。"荣"的本义是花朵，引申为植物长得茂盛，进一步引申为光荣、荣耀。

● 汉字的演变过程

| 篆书 | 隶书 |

● 汉字与成语典故

欣欣向荣 欣欣：生气勃勃的样子。荣：草木茂盛。比喻草木长得茂盛。也比喻事业蓬勃发展，兴旺昌盛。成语出自晋代陶潜《归去来辞》："木欣欣以向荣，泉涓涓而始流。"

萦

yíng

笔画 11画
部首 艹
结构 上下

"萦"字上面表示环绕，下面是"丝"，合在一起表示缠绕、盘绕，如词语"萦绕"的意思是缠绕、牵绕，形容某个人的思想停留在某个事物上。

● 汉字的演变过程

金文　　篆书　　隶书

● 汉字与成语典故

魂牵梦萦　魂：旧指能离开人体而单独存在的精神。萦：萦绕。牵：牵引。指某事牵动灵魂，萦绕于梦中。形容万分思念。宋代刘过《四字令》："思君忆君，魂牵梦萦。"

门

　　最早的"门"是象形字,甲骨文的字形是![],上面是一个门框,下面是两扇门,后来只留下两扇门的形象,就成了繁体字"門",简化字根据草书改成现在"门"的字形。由"门"所造的字多和大门、门户有关。

闭

bì

笔画　6画
部首　门
结构　半包围

"闭"字的金文字形两边是两扇门，中间是门闩一类的东西，后来门闩的形状变成"才"字，实际上和"才"没有任何关系。"闭"的本义是关门，引申为闭合、停止。

● 汉字的演变过程

| 金文 | 篆书 | 隶书 |

● 汉字与成语典故

闭关自守　封闭关口，自行防守。原指不与外国往来。后泛指不与外界交往，不接受外界影响。《汉书·王莽传》："力作所得，不足以给贡税；闭门自守，又坐邻伍铸钱挟铜，奸吏因以愁民。"

xián 闲

笔画　7画
部首　门
结构　半包围

"闲"字在金文中是门里面有木的形象，本义是门的栅栏，后来又引申为防范和防御，因为门栅栏就是挡住别人的，古代有防闲一职，就是表示防备的意思。"闲"字在古代也常常用来假借表示空隙和空闲的意思。

● 汉字的演变过程

金文	篆书	隶书

● 汉字与成语典故

闲情逸致　清闲安适的心情，安乐的兴致。清代李汝珍《镜花缘》第一百回："此时四处兵荒马乱，朝秦暮楚……那（哪）里还有闲情逸致弄这笔墨。"

chuǎng

笔画 6画
部首 门
结构 半包围

"闯"字是门里面有一匹马的形象，表示马从门的中间猛冲而过，所以本义是猛冲。

● 汉字的演变过程

篆书

● 汉字与成语典故

走南闯北 指走过南方北方不少地方。也泛指闯荡。老舍《龙须沟》第二幕："这年月呀，女人尊贵啦，跟男人一样可以走南闯北的。"

户

"户"甲骨文写作 𠂉，是画了一扇门的形象，本义是一扇门，门里是房屋和住家。从一扇门又引申为人家和住户，如"千家万户"，"户"在这里也表示家。用"户"所造出来的字大多和门户有关系。

qǐ

笔画　7画
部首　户
结构　半包围

"启"字的甲骨文字形就像用手来开门,左边是一扇门,右边是手。后来在这个字形的下面又加了"口"字,表示张口来叫门,右面的手就变成了一个手拿着棍子的形象,其实还是表示手的动作。简化字去掉了"手"只保留了上面的一扇门和下面的口,就成为我们今天看到的"启"的字形。"启"的本义是开门,引申为打开、开始。

● 汉字的演变过程

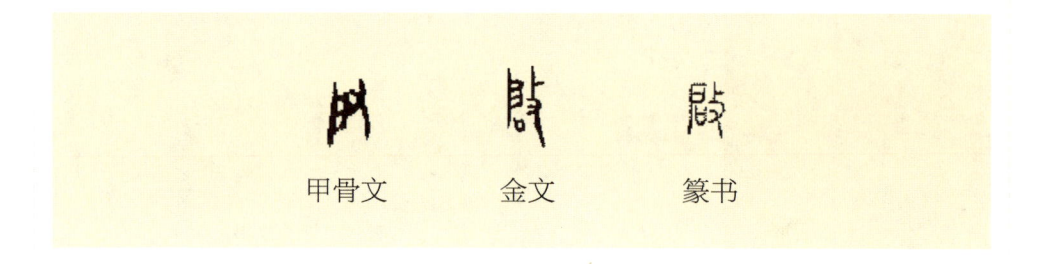

| 甲骨文 | 金文 | 篆书 |

● 汉字与成语典故

承上启下 承:继承,承接。启:开创,引出。承接上边的,引出下边的。多用于文章结构上过渡的连接。也泛指学问、事业上的继往开来。宋代张炎《词源·制曲》:"命意既了,思量头如何起,尾如何结,方始选韵,而后述曲,最是过片,不要断了曲意,须要承上接下。"

生活篇

fáng

笔画 8画
部首 户
结构 半包围

"房"字中"户"表示门，下面的"方"既表示读音，也表示旁边的意思。"房"的本义是正室两旁的房间，引申为所有的房间。"房"在古代还读作 páng，这个读音用在"阿房宫"一词中。阿房宫是秦始皇给自己盖的宫殿，"阿"表示高山，"房"本来是两旁的房间，在这里表示旁边，阿房宫就是在山的旁边建造的宫殿。

● 汉字的演变过程

篆书　　隶书

● 汉字与成语典故

房谋杜断 房、杜：指唐太宗时的贤臣房玄龄和杜如晦，房玄龄多谋略，杜如晦做事决断。因此人们称他们为"房谋杜断"。谋：计谋，谋略。断：决断。形容人才齐备，有谋有断。成语出自《旧唐书·房玄龄杜如晦传论》："世传太宗尝与文昭图事，则曰：'非如晦莫能筹之。'及如晦至，竟从玄龄之策也。盖房知杜之能断大事，杜知房之善建嘉谋。"

shān/shàn

笔画　10画
部首　户
结构　半包围

"扇"字上面的"户"表示门,下面的"羽"表示像翅膀一样能够转动的门扇,门扇绕着门柱转动,就像翅膀扇动一样。"扇"的本义是门扇,即门板的主体。扇子的扇动就像门板的转动一样,所以"扇"又引申为扇子,它是能够摇一摇就生风的工具。

● 汉字的演变过程

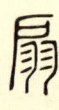

篆书

● 汉字与成语典故

蜂扇蚁聚　蜂翅扇动,蚂蚁聚合。比喻人虽众多但起不了大作用。隋代房彦谦《谕张衡书》:"况乎蕞尔一隅,蜂扇蚁聚,杨谅之愚鄙,群小之凶愿,而欲凭陵畿甸,觊幸非望者哉!"

生活篇 | 97

fēi

扉

笔画　12画
部首　户
结构　半包围

"扉"字上面的"户"表示门，底下的"非"表示声音。"扉"的本义是门扇。叶绍翁的诗句：应怜屐齿映苍苔，小扣柴扉久不开。"柴扉"就是柴门。

● 汉字的演变过程

篆书

● 汉字与成语典故

蜗舍荆扉　像蜗牛壳似的房子，用荆条编的门户。形容极简陋狭小的房屋。成语出自南朝梁何逊《仰赠从兄兴宁置南》："栖息同蜗舍，出入共荆扉。"

爿（片）

　　"爿"这个字形造的比较奇怪，它是把"木"字从中间分成两半所成的字，左边叫做qiáng，右边就成为"片"，两个字都表示劈开树木所成的木片，都可以当成偏旁来组字。用"爿"或"片"所造的字，多和木板有关系。古代的床最早是画了一张床的侧面形象，一个床面和两个床腿，把它竖起来，这个"床"字最早的字形和"爿"字非常像，后来字形里表示床形象的字也写成了这个字。

生活篇 99

yǒu

笔画 15画
部首 片
结构 左右

　　"牖"字左边的"片"表示木板，右边上面的"户"表示门扇，在这里不表示门，而是指和门非常类似的窗户。"牖"的本义是在墙上穿洞，用木条来交叉做成的窗户，古代一般和户连在一起来说，"户牖"就是门窗的意思。《过秦论》里面说"瓮牖绳枢之子"，"瓮"就是坛子，"瓮牖"指用破坛子做成的窗户，"绳枢"指用绳子把门扇系起来，这里是说陈涉的家里非常穷。

● 汉字的演变过程

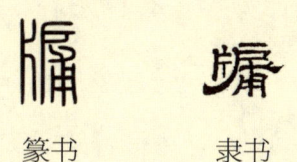

篆书　　隶书

● 汉字与成语典故

蓬户瓮牖　用蓬草编成的门，破瓮做的窗户。形容简陋的居室，也指穷苦人家的简陋房屋。成语出自《礼记·儒行》："儒有一亩之宫，环堵之室。筚门圭窬，蓬户瓮牖。"

床 chuáng

- 笔画 7画
- 部首 广
- 结构 半包围

"床"在篆书中写作"牀",左边字形表示床的形象,右边的"木"表示床是由木头做成的,后来字形上面又写成了"广"字头,表示房屋,下面是"木"的形象,指在房屋里用木头做成的家具。"床"的本义就是供人坐卧的家具。

● 汉字的演变过程

甲骨文　篆书

● 汉字与成语典故

同床异梦 睡在一张床上,做不同的梦。原指夫妻感情不合,后比喻同做一事而各有打算。清代钱谦益《牧斋初学集》:"同床异梦各不知,坐起问景终谁是?"

生活篇

qǐn

笔画　13画
部首　宀
结构　上下

"寝"字上面的"宀"和左下边的"丬"是房子里放床的意思，表示和睡觉有关，右下方的"曼"表示字的读音。"寝"的本义是睡觉。

● 汉字的演变过程

篆书

● 汉字与成语典故

废寝忘食　废：停止。寝：睡觉。顾不上睡觉，忘记了吃饭。形容专心致志地做某一件事。《列子·天瑞》："杞国有人忧天地崩坠，身亡所寄，废寝食者。"

mèi

笔画 12画
部首 宀
结构 上下

"寐"上面的"宀"和左边的"爿"表示睡觉,"未"表示读音。"寐"的本义是睡觉、睡着。

● 汉字的演变过程

篆书　　隶书

● 汉字与成语典故

梦寐以求　寐:睡。睡梦中都在追求。形容期望十分迫切。成语出自《诗经·周南·关雎》:"窈窕淑女,寤寐求之;求之不得,寤寐思服。"

冓

　　中国古代的建筑都是土木建筑，屋子的整体结构一般都是由木造出来的，"冓"的形象就像是用木头造的架子在相互交错，本义就是建筑木材交互连接在一起。表示这个含义的字后来又加上了一个"木"，用来表示建筑用的材料是木头，写成了"構"字，这就是"构"的繁体字。结构、构造最初讲的都是盖房子，后来才表示其他的事物。用"冓"所造的字多和交接有关系。

gōu

笔画 7画
部首 氵
结构 左右

"沟"的繁体字是"溝",左边是水,右边是"冓","冓"表示交错,所以"沟"字的本义是田间交错相通的水道,后来引申指所有的沟渠和沟槽。这个字形在简化字里右边简化成了"勾",用来表示声音,因为"冓"的本义是交错相通的,所以就有了"沟通"一词,即让两方相互通达的意思。

● 汉字的演变过程

篆书　　隶书

● 汉字与成语典故

千沟万壑　①形容沟壑极多。②比喻道路坎坷不平。贺敬之《放声歌唱》:"面前,还有望不断的千沟万壑。"

生活篇 105

gōu

笔画 16画
部首 ⺮
结构 上下

"篝"字的字形上面是"⺮",表示用竹子来支撑,"冓"表示交错,把竹子交错编织在一起,古代指熏笼——一个小笼子里面放上熏香用来使空气清新,后来也指一般的竹篓。在野外烧烤的时候要把树枝交错搭在一起,这样火才能够烧得旺,这种火就叫做篝火。

● 汉字的演变过程

篆书

● 汉字与成语典故

篝火狐鸣 夜里把火放在笼里,使隐隐约约像磷火,同时又学狐叫。这是陈涉、吴广假托狐鬼之事以发动群众起义的故事。后用来比喻策划起义。《史记·陈涉世家》:"(陈胜)又间令吴广之次所旁丛祠中,夜篝火,狐鸣呼曰:'大楚兴,陈胜王。'"

囗

"囗"做偏旁时读作 wéi，是一个四面围起来的城市的形象，四边是城墙，围起来的这个地方就代表一个城市，"囗"的本义就是围绕、包围。用"囗"所造的字多和城邑或者围绕有关系，所以这个字形写起来和"口"是一样的，但是一般它在字的外面，比较大，有的时候也写在字的里面。

生活篇

qiú

笔画 5画
部首 囗
结构 全包围

"囚"字今天看起来仍然是非常象形的，它就像是把一个人关起来的样子，"囚"的本义是监禁、囚禁，也表示被关起来的人。

● 汉字的演变过程

| 甲骨文 | 篆书 | 隶书 |

● 汉字与成语典故

囚首丧面 头不梳如囚犯，脸不洗如居丧。成语出自北宋苏洵《辨奸论》："囚首丧面而谈诗书，此岂情也哉！"

huò

笔画 8画
部首 戈
结构 半包围

"或",它最初的字形是一个"口",指一个城市,再加上"戈"——古代最常见的兵器,合在一起表示拿着武器来守卫城池。国家主要是由一个城市和它周围的地区来组成,古汉语中"或"读作 yù 时指邦国,就是有疆界的地区。后来从这个"或"产生出两个常用字——域和國。"或"字后转为不定代词,现在多用来做连词,表示选择关系。

● 汉字的演变过程

甲骨文	金文	篆书	隶书

● 汉字与成语典故

不可或缺 或:稍微。不能有一点缺少,指非常重要。宋代章如愚《山堂考索·正史门·东汉类》:"艺文者,一代之典,不可或缺,而汉志缺焉。"

生活篇 109

guó

笔画　8画
部首　囗
结构　全包围

"国"字的繁体字写法是"國",指邦国,有疆界的地区。在今天的简化字中,里面的"或"简化成了"玉"。

● 汉字的演变过程

| 甲骨文 | 金文 | 篆书 | 隶书 |

● 汉字与成语典故

国富民强　国家富足,百姓强大。汉代桓宽《盐铁论·非鞅》:"外设百倍之利,收山泽之税,国富民强,器械完饰,蓄积有余。"

邑

　　"邑"这个字其实是从"囗"的形象造出来的，甲骨文写作🙎，上面是"囗"——城市的形象，下面的"巴"，其实是画了一个人的形象。一个城市和一个人合在一起表示这是人住的地方，"邑"的本义就是人们居住的地方。后来作为偏旁的时候，"邑"写成了"阝"，今天我们叫做右耳旁，因为它的字形跟人的耳朵非常相像，并且在字的右边，可是它跟耳朵没有一点关系。右耳旁所造的字，多和城邑、地域等有关系。

生活篇 111

dōu/dū

笔画 10画
部首 阝
结构 左右

"都"字是典型的形声字,左边的"者"表示声音,右边的"阝"表示跟城市有关系。"都"的本义就是大城市,后来专门指首都,是一个国家最为核心的城市。"都"又假借作为副词,表示全部的意思,这个含义中读作 dōu。

● 汉字的演变过程

| 金文 | 篆书 | 隶书 |

● 汉字与成语典故

都城纸贵 形容别人的著作受人欢迎,广为流传。又作"洛阳纸贵"。北宋欧阳修《戏刘原甫》:"平生志业有谁先,落笔文章海内外。昨日都城应纸贵,开帘却扇见新篇。"

jiāo

笔画 8画
部首 阝
结构 左右

"郊"字是形声字，右耳旁表示跟城邑有关，左边的"交"表示读音，也表示交界的意思，指出了城以后和其他地方交界之处。"郊"字的本义就是国都城外百里以内的地区，我们今天用它指城外、野外。

● 汉字的演变过程

篆书　　隶书

● 汉字与成语典故

荒郊旷野　荒凉空旷的郊野。元代关汉卿《五侯宴》第二折："眼看的无人把我来拦遮，我可便将孩儿直送到荒郊旷野。"

生活篇

bāng

邦

笔画 6画
部首 阝
结构 左右

　　"邦"字最初是会意字，甲骨文字形就像是在田地里种上树的形象。在古代，国和国之间的边界上会种树来作为标记，所以在田里面种上树，就表示这是一个国家的边境，后来字形里又加上一个"邑"字，表示国家的城市，"邦"的本义就是古代诸侯的封国。在词语里面，"国"和"邦"指同一个意思，比如"治国安邦"一词里的"国"和"邦"，都是表示国家。

● 汉字的演变过程

| 甲骨文 | 金文 | 篆书 | 隶书 |

● 汉字与成语典故

多难兴邦　难：祸患，灾难。兴：兴起，振奋。邦：国家。多灾多难的局面能促使内部团结，激起战胜困难的决心。成语出自《左传·昭公四年》："邻国之难，不可虞也。或多难以固其国，启其疆土；或无难以丧其国，失其守宇。"

lín 邻

笔画　7画
部首　阝
结构　左右

"邻"的繁体字是"鄰",左边是声旁,右边是形旁。简化字将"粦"改成了"令",右耳旁表示和居住有关。"邻"的本义是古代的一种居民组织,五个家庭作为一个"邻",后来引申为住处比较接近的人家。由此,又引申出邻近、靠近的意思。

● 汉字的演变过程

篆书　　隶书

● 汉字与成语典故

三邻四舍　泛指邻居。明代冯梦龙《醒世恒言》第九卷:"王三老闻知此事,率了三邻四舍,提壶挚盒,都来庆贺,吃了好几日喜酒。"

生活篇

zhèng

笔画 8画
部首 阝
结构 左右

"郑"字的繁体字写法是"鄭",右边是右耳旁,表示与居住的地方有关系,左边的"奠"表示声音。"郑"字的本义是地名,后也表示郑重。

● 汉字的演变过程

甲骨文	金文	篆书	隶书

● 汉字与成语典故

郑人买履 履:鞋子。比喻不顾现实,只相信教条的人。成语出自《韩非子·外储说左上》:"郑人有欲买履者,先自度其足,而置之其坐,至之市,而忘操之,已得履,乃曰:'吾忘持度'。反归取之,及反,市罢,遂不得履。"

车

　　"车"的甲骨文字形非常象形，写作 ，金文写作 ，前面有一个车厄，下面有两个轮子，有的在中间还加了车厢，但是这个字形写起来非常复杂，后来就把它简化了一下，只保留了一个轮子的形象，再画上两个轮子两头的轴端，就成了繁体字"車"字，简化字根据草书，做了进一步的简化，现在字形当中连轮子的形象也看不出来了。

　　用"车"所造的字多和车辆有关，"车"是古代最重要的交通工具，所以和"车"有关的字非常多，它是汉字里面比较大的一个部首。

生活篇

轮 lún

笔画 8画
部首 车
结构 左右

"轮"字的繁体字写法是"輪",左边的"車"表示和车有关,右边的"侖"是声旁,也表示一定的意义,指有条理、有次序地集合。车轮必须是正圆型,做车轮的时候需要把各种各样的材料非常有次序地组合在一起,所以用"车"和一个有条理的集合就造出了"轮"这个字。"轮"的本义是车轮。

● 汉字的演变过程

篆书　　隶书

● 汉字与成语典故

美轮美奂 轮:形容高大的样子。奂:鲜明,众多,形容宽敞明亮。形容宏伟壮丽的建筑物。成语出自《礼记·檀弓下》:"晋献文子成室,晋大夫发焉。张老曰:'美哉轮焉,美哉奂焉。'"

zhóu/zhòu

笔画 9画
部首 车
结构 左右

"轴"字左边的"车"表意，右边的"由"表音，也表示抽搐的意思。车轴是穿在轮子中间，能够抽出来的一个物体，"轴"的本义就是穿在车子中间的圆柱形的物件。轮子或者其他转动的机件绕着它或者随着它转动，在转动的时候，"轴"是中心，所以就有了"轴心"这个词。在古代的戏曲表演当中，最重要的一场往往排在最后，因为它最重要，如同整场戏的核心一样，所以我们叫它"大轴子戏"，在表示这个含义的时候，读作 zhòu。

● 汉字的演变过程

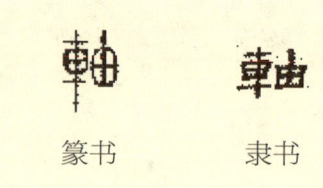

篆书　　隶书

● 汉字与成语典故

群轻折轴　　许多不重的东西累积起来也能压断车轴。比喻小的坏事如果任其发展下去，也能造成严重后果。《战国策·魏一》："臣闻积羽沉舟，群轻折轴，众口铄金，故愿大王之熟计之也。"

辐

fú

笔画 13画
部首 车
结构 左右

"辐"字右边的"畐"表示读音,它的本义是车轮中间连接车轮和轮圈的枝条,称为辐条,因为辐条是从一个中心向四周发散的,所以从中心发散就叫做辐射。知道了"辐"字的造字缘由,就不会把它写错了。

● 汉字的演变过程

篆书　隶书

● 汉字与成语典故

四通辐辏　辐辏:车辐凑集于毂上。比喻四方人才或货物像车辐聚于毂上一样地汇集在一起。《史记·张仪列传》:"地四平,诸侯四通辐辏,无名山大川之限。"

xiá

笔画 14画
部首 车
结构 左右

"辖"字右边的"害"表示读音，也表示刺穿的意思。"辖"是车轮上比较重要的一个小部件，把车轮套到轴上之后，为了防止车轮掉下来，一般是在车轴上开一小孔，然后把一个小铁棍插进去，所以"辖"非常重要，可以管住轮子。宋代有一个武官叫做提辖官，是专门用来管理军队的人，比如《水浒传》中，鲁智深就曾经做过提辖官。

● 汉字的演变过程

篆书

● 汉字与成语典故

取辖投井 为了挽留客人，将车上的辖取下来扔到井里。比喻挽留客人极坚决。《汉书·陈遵传》："遵嗜酒，每大饮，宾客满堂，辄关门，取客车辖投井中。虽有急，终不得去。"

舟

"舟"的字形是画了一条小船的形象,用"舟"所造的字一般和船有关系。用"舟"所造的字在有的字形里会变为"月",比如"服从"的"服",还有古代皇帝自称的"朕"。古代盘子的形象单独作字的时候写作"盘",但是在字形里,画得跟船很像,所以后来表示盘子的字形也写作"舟",因此有些带"舟"的字,实际上表示的是盘子。

chuán

笔画 11画
部首 舟
结构 左右

"船"是形声字，左边的"舟"是形旁，表意。"船"的本义和"舟"是一样的，表示水上的交通工具。

● 汉字的演变过程

篆书

● 汉字与成语典故

借风使船 比喻借助别人的力量达到自己的目的。清代曹雪芹《红楼梦》第九十一回："今见金桂所为，先已开了端，他便乐得借风使船，先弄薛蝌到手，不怕金桂不依。"

生活篇 123

服

fú/fù

笔画　8画
部首　月
结构　左右

"服"字最早的字形左边是船，右边是用手压着一个人，让他跪下去，表示坐着船把敌人给抓回来。"服"的本义是征服、降服，后来"舟"被误写成了"月"，便成了今天的字形。

● 汉字的演变过程

| 甲骨文 | 金文 | 篆书 | 隶书 |

● 汉字与成语典故

心悦诚服　悦：高兴。服：信服，佩服。心里高兴，真诚佩服。指诚心诚意地佩服。成语出自《孟子·公孙丑上》："以力服人者，非心服也，力不赡也；以德服人者，中心悦而诚服也。"

bān/pán

笔画 10画
部首 舟
结构 左右

"般"字最初读作"pán",字形的左边是一个盘子的形象,右边是用手在拿一个工具,表示制作盘子的时候旋转让陶胚变成盘子。"般"本义就是旋转着制作盘子。这个意义现在已经不用了,大多用作量词,指种、样,如"这般"。

● 汉字的演变过程

| 甲骨文 | 金文 | 篆书 | 隶书 |

● 汉字与成语典故

万般无奈 万般:各种各样的,非常多的。无奈:无可奈何。形容无奈到了没有办法的地步。清代李绿园《歧路灯》第二十回:"耘轩万般无奈,只得写'怀水候叙'帖儿,把娄、程二位请到家中。"

生活篇 125

pán

盘

笔画　11 画
部首　皿
结构　上下

"盘"字繁体字写作"盤",专门用来表示盘子,简化字为了写起来简单,就去掉了"殳",成为我们今天看到的字形。在"般"的基础上再加一个手就成为"搬"字,"搬"的本义是移动。在"盘""般""搬"中,"舟"都表示盘子的形象。

● 汉字的演变过程

| 甲骨文 | 金文 | 篆书 | 籀文 | 隶书 |

● 汉字与成语典故

杯盘狼藉　狼藉:杂乱的样子。形容杯盘碗筷乱七八糟的样子。成语出自《史记·淳于髡传》:"日暮酒阑,合尊促坐,男女同席,履舄交错,杯盘狼藉。"

示

在早期人类社会中，人类对大自然中的很多现象无法解释，充满了神秘感，所以对鬼神非常崇拜，祭祀就成了早期人类社会生活中非常重要的一项内容。在今天正式的礼节和仪式当中，仍然可以看出这种文化的残留。和祭祀有关的基本字源，最常用的就是"示"字，甲骨文写法为丁，是一张祭桌的样子，后来在字形里边又加了两个简单的装饰符号，成为我们今天看到的"示"字。

"示"的本义是供放祭品的石桌，因为祭祀和鬼神、上天都有关系，所以后来又指上天显现出来的吉凶，再到后来，只要是事物显现出来的，指出来让人知道的都可以叫做"示"。"示"字作偏旁的时候写成了"礻"。用"示"造的字一般和祭祀、鬼神吉凶等有关系。

神 shén

笔画　9画
部首　礻
结构　左右

　　"神"其实是从"申"字发展而来的字,"申"的字形就像打雷的时候,闪电刺破天空向外伸展的形象,古代把打雷当作"神"的一种行为,将打雷的字形再加上一个示字旁就成了"神",它的本义就是传说中的天神——天地万物的创造者和主宰者。

● 汉字的演变过程

| 金文 | 篆书 | 隶书 |

● 汉字与成语典故

心驰神往　驰：奔驰。往：去。指急切、热烈地向往。北宋欧阳修《祭杜祁公文》："系官在朝,心往神驰,送不临穴,哭不望帷;衍辞写恨,有涕涟洏。"

zǔ

笔画 9画
部首 礻
结构 左右

"祖"字左边的"礻"表示和神鬼有关系,右边的"且"是牌位的形象,牌位是用来祭祀祖先的,所以"祖"的本义就是祖先。

● 汉字的演变过程

篆书　　隶书

● 汉字与成语典故

数典忘祖 数:数说。典:史册。祖:祖宗。比喻忘本,即忘记自己的出身。也用来比喻对自己国家的历史无知。成语出自《左传·昭公十五年》:"籍父其无后乎!数典而忘其祖。"

生活篇

zōng

宗

笔画　8画
部首　宀
结构　上下

　　"宗"字上面的"宀"表示房子，下面的"示"表示祭台，进行祭祀的地方就叫做"宗"，所以"宗"的本义是祭祀祖先的宗庙。在宗庙里是要祭祀祖先的，所以"宗"又指祖先。同一个派别的人有着一个共同的祖师爷，就像有一个共同的祖先一样，所以派别又叫做宗派。

● 汉字的演变过程

| 甲骨文 | 金文 | 篆书 | 隶书 |

● 汉字与成语典故

开宗明义　开：张。宗：本旨。明：显示。阐发宗旨，显示意义。指说话写文章一开始就把主要的意思点明。《孝经·开宗明义章》宋代邢昺疏："开，张也；宗，本也；明，显也；义，理也。此言章开张一经之宗本，显明五孝之义理，顾曰开宗明义章也。"

shè 社

笔画 7画
部首 礻
结构 左右

"社"字左边是"礻",表示和鬼神有关,右边是"土",合在一起表示土地神。还有一个"稷"字表示谷神——专门管种庄稼的神。中国古代是农业社会,极其重视对社稷神的祭祀。古代皇帝最重要的祭祀是祭祀祖先和社稷,后来就用社稷表示国家政权。祭社神是古代社会比较重要的活动,老百姓要聚在一起举行很大的庆典活动,后来很多人聚在一起就叫做"社","社"又指从事某种共同活动或者生活的集体组织机构,比如"社团"。

● 汉字的演变过程

金文　篆书

● 汉字与成语典故

村歌社舞　指民间歌舞。北宋杨万里《宿新市徐公店》诗:"春光都在柳梢头,拣折长条插酒楼。便作在家寒食看,村歌社舞更风流。"

卜

中国古代常用龟甲来进行占卜，在火上烧烤龟甲，龟甲烧了之后就会裂开，根据裂纹的形状和方向来预测事情的吉凶。"卜"字就是一个龟甲烧出来的裂纹的形象，本义就是占卜。用"卜"所造的字多和占卜这种活动有关系。现在的简化字又把"卜"当成了"萝卜"的"卜"的简化字。

占 zhān/zhàn

笔画 5画
部首 卜
结构 上下

"占"字上面的"卜"是龟甲上的裂纹，再加上"口"，表示看着裂纹来推断解说吉凶，"占"的本义就是通过龟甲来推断吉凶。因为占卜是口说的，所以"占"又有用嘴说的意思，比如古代有"口占"一词，指直接用说出来的方式做一首诗。"占"又表示占领的意思，这是一个假借义。

● 汉字的演变过程

| 甲骨文 | 篆书 | 隶书 |

● 汉字与成语典故

独占鳌头 鳌头：宫殿门前石阶上巨鳌的浮雕，状元及第时站在这里迎榜。指科举时代中状元。后比喻占首位或居第一名。元代大食惟寅《小令·燕引雏·奉寄小山先辈》："词林谁出先生右，独占鳌头。诗成神鬼愁，笔落龙蛇走。"

生活篇

guà

笔画 8画
部首 卜
结构 左右

"卦"是形声字，右边的"卜"表示和占卜有关，左边的"圭"表示声音，"卦"是古代占卜的一套符号系统，最基本的有八个，所以又叫做八卦。

● 汉字的演变过程

篆书　　隶书

● 汉字与成语典故

鬼门占卦　鬼门：卜筮中的术语。卦：古代的占卜符号。指表示不吉利和灾难的爻象。明代冯梦龙《警世通言》卷三十八："岂知本妇已约秉中等了二夜，可不是鬼门占卦。"

外

wài

笔画　5画
部首　卜
结构　左右

　　"外"的含义似乎和占卜没有任何关系，但最初也是从占卜造出来的，占卜是比较神圣的庄严的活动，一般要在一天当中最好的时间即早上来进行，如果在晚上进行占卜，那就太不合情理了。"外"字左边的"夕"，就是月亮的形象，表示晚上，"外"就是晚上占卜，表示不合情理，所以"外"的本义就是不合情理，引申为疏远和外面的意思。

● 汉字的演变过程

| 金文 | 篆书 | 隶书 |

● 汉字与成语典故

　　外强中干　晋国与秦国交战前，晋惠王要用从郑国输入的马拉战车。郑庆认为外来的马人地生疏，不容易驾驭，到作战时一紧张，马的外貌虽还强壮，而内部已经气虚力竭，调度就不灵了。后用来泛指人或事物外表上好像很强很好，实际上很虚很差。《左传·僖公十五年》："乱气狡愤，阴血周作，张脉偾兴，外强中干。"

享

"亯"这个字与祭祀有关，"亯"的字形共有三个来源。一个是"亯"，读作 xiǎng，字形是高大的台基上建有一座殿堂，象征祭祖的宗庙，"亯"的本义就是宗庙，用"亯"所造的字多和祭祀有关；第二个是"䐏"，读作 chún，上面是"亯"，下面是"羊"，表示把煮好的肥羊进献到宗庙里，它的本义是味道醇厚，也指烹煮，用它所造的字多和烹煮有关系；第三个读作 guō，字形是一个鸟瞰图，中间四方代表整个城市，上下各有一个角楼哨亭，它的本义是外城，用它所造的字多和外城有关。这三个字形后来都写成了"享"字。

guō

笔画 10 画
部首 阝
结构 左右

"郭"字最早的写法是一个城镇的俯视图,后来在旁边加上"邑"字(右耳旁),"邑"表示城市。"郭"的本义是外城。

● 汉字的演变过程

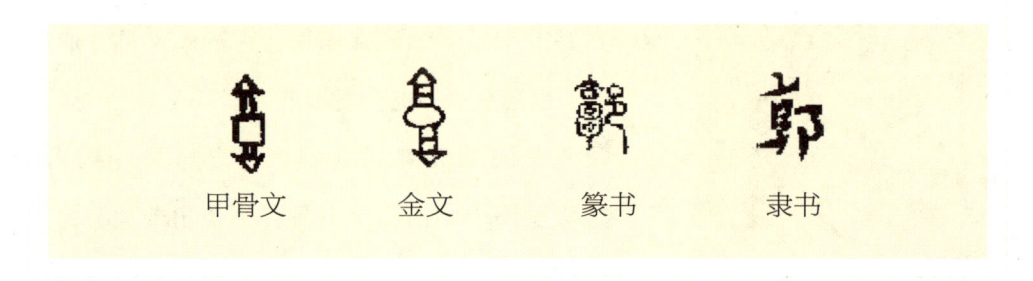

| 甲骨文 | 金文 | 篆书 | 隶书 |

● 汉字与成语典故

夏五郭公 《春秋》一书中,"夏五"后缺"月"字,"郭公"下未记事。比喻文字脱漏。《春秋·桓公十四年》:"十有四年春正月,公会郑伯于曹。无冰。夏五。"《春秋·庄公二十四年》:"冬,戎侵曹。曹羁出奔陈。赤归于曹。郭公。"

生活篇 137

shú

笔画 15画
部首 灬
结构 上下

"孰"字最早的形象左边是"享",表示宗庙,右边是两只手拿着东西的形象,合在一起表示手拿着祭品到宗庙里进行祭祀。祭品做熟以后才能进献,所以"孰"的本义是食物做熟,后来右边的字形,在"享"的下面又加了"羊",意义不变,这个"孰"就是"熟"字最初的写法,后被假借作介词,用来表示谁。"熟"字表示用火烧熟的食物。

● 汉字的演变过程

| 金文 | 篆书 | 隶书 |

● 汉字与成语典故

熟视无睹 熟:常见,习惯。尽管经常看到,但是就像没看见一样。指对事物不关心,不重视。成语出自刘伶《酒德颂》:"无思无虑,其乐陶陶,兀然而醉,豁尔而醒,静听不闻雷霆之声,熟视不睹泰山之形。不觉寒暑之切肌,利欲之感情。"

戈

人类社会发展过程中，战争从未中断，不管战争的实质是好还是不好，它总是人类社会非常重要的事件，所以和战争、武器有关的汉字也非常多。

"戈"是古代战争里常用的一种兵器，甲骨文写作 𐅁，非常象形，有长长的柄，有横刃。用"戈"所造的字多和兵器、杀伤等有关。

生活篇

wǔ

笔画 8画
部首 止
结构 半包围

"武"字下面的"止",表示脚的形象,这里指用脚在路上走路,上面是"戈",整个字形表示拿着戈在路上前进。"武"的本义是武力,引申为军事威猛等意思。

● 汉字的演变过程

| 甲骨文 | 金文 | 篆书 | 隶书 |

● 汉字与成语典故

穷兵黩武 穷:尽。黩:随便,滥施。武:武装力量。用尽所有兵力,肆意发动战争。曹丕《车驾临江还诏三公》:"三世为将,道家所忌。穷兵黩武,古有成戒。"

shù

笔画 6画
部首 戈
结构 半包围

"戍"字早期的字形下面是一个人，人的上面是"戈"，一个人拿着戈表示军队在防守，所以"戍"的本义是军队防守。

● 汉字的演变过程

| 甲骨文 | 金文 | 篆书 | 隶书 |

● 汉字与成语典故

戍边守国 指军队防守边疆，保卫祖国。唐代杜甫《兵车行》："去时里正与裹头，归来头白还戍边。"

fá

笔画 6画
部首 亻
结构 左右

"伐"字左边是"人",右边是"戈",戈的横刃刺穿了人的身体。"伐"的本义是砍杀、杀死,从砍杀人引申为砍一切的东西,再引申为攻打、攻击。

● 汉字的演变过程

| 甲骨文 | 金文 | 篆书 | 隶书 |

● 汉字与成语典故

党同伐异 党:偏袒。伐:排斥,打击。偏袒与自己派别相同的,攻击与自己派别不同的。《后汉书·党锢传序》:"自武帝以后,崇尚儒学,怀经协术,所在雾会。至有石渠分争之论,党同伐异之说,守文之徒,盛于时矣。"

矛

　　"矛"字金文写作🂠，是一只长矛的形象，上面是锋，侧面有挂矛用的耳。"矛"的本义是古代一种直刺的兵器，这个字相关的汉字并不太多，一般只用来表示读音。

生活篇 143

wù

笔画 5画
部首 夂
结构 上下

"务"字的繁体字"務",左边是"矛",右上部是反文旁,表示手拿着东西,引申为努力地做事,后来字形里加上的"力"字表示用力的意思,简化字里把左边的"矛"去掉,只保留右边的部分。

● 汉字的演变过程

| 金文 | 篆书 | 隶书 |

● 汉字与成语典故

不识时务 识:懂得,知道。时务:当前的形势和社会潮流。意指没有认识到当前形势的发展变化。《后汉书·张霸传》:"时皇后兄虎贲中郎将邓骘,当朝贵盛,闻霸名行,欲与为交,霸逡巡不答,众人笑其不识时务。"

wù

鹜

笔画 12画
部首 马
结构 上下

"鹜"是形声字,"敄"表声,"马"表意。这个字的本义是马纵横奔驰,由本义引申为努力做、追求。

● 汉字的演变过程

篆书

● 汉字与成语典故

好高骛远 好:爱好,喜好。骛:追求。比喻不顾客观实际,追求太高或太远的目标。形容期望过分高远,脱离现实。清代吕留良《晚村文集·与钱孝直书》:"其根大约在好高骛远,事事求出人头地。"

生活篇

guān/jīn/qín

笔画　9画
部首　矛
结构　左右

"矜"字最初读作 qín，右边的"今"表示读音，本义是矛柄，但是这个含义并不常用，一般用假借义。最常见的假借义是怜悯，还有自大和拘谨的意思，表示这个含义时读作 jīn。

● 汉字的演变过程

篆书　　隶书

● 汉字与成语典故

矜功自伐　矜功：自负其功。自伐：自夸。成语意指倚仗着有功而自以为是，以为功高而妄自夸耀。《晋书·陆机传》："（齐王）冏既矜功自伐，受爵不让，机恶之，作《豪士赋》以刺焉。"

弓

　　弓箭是古代重要的兵器,"弓"是象形字,甲骨文写作 B ,有弓身和弓弦的形象,后来字形里省去弦。"弓"的本义是射箭或者发射弹丸的工具,用它所造的字一般和弓弦或者弯曲有关。

生活篇 147

zhāng

笔画 7画
部首 弓
结构 左右

"张"字右边的"长"表示拉长、拉大,"张"的本义是拉开弓,引申为紧张。

● 汉字的演变过程

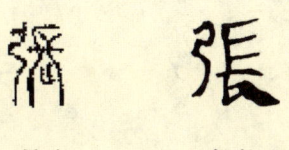

篆书　　隶书

● 汉字与成语典故

纲举目张 纲:鱼网上的大绳。目:网眼。提起大绳撒网,所有的网眼都会张开。比喻抓住事物的主要环节,就可带动一切。也比喻文章写得头头是道,条理分明。汉代郑玄《诗谱序》:"此诗之大纲也,举一纲而万目张,解一卷而众篇明。"

yǐn

笔画 4画
部首 弓
结构 左右

"引"最早的字形是在弓的上面画了一个短横，表示用力拉开弓的意思，所以"引"的本义是拉开弓，引申为牵引、延长。

● 汉字的演变过程

| 甲骨文 | 金文 | 篆书 | 隶书 |

● 汉字与成语典故

旁征博引 旁、博：广泛。征：验证。引：引证。指写文章、发议论时，广泛地引用大量资料进行论证。宋代朱熹《〈楚辞集注〉序》："至其大义，则又皆未尝沈潜反复、嗟叹咏歌，以寻其文词指意之所出，而遽欲取喻立说，旁引曲证，以强附于其事之已然，是以或以迂滞而远于性情，或以迫切而害于义理。"

jiàng/qiáng/qiǎng

强

笔画 12画
部首 弓
结构 左右

"彊"是"强"的异体字，左边的"弓"表示和弓有关，右边的"畺"表示声音，它的本义是硬弓，引申为健壮。另外还有一个异体字"強"，最初的字形是"弓"加"虫"字，它的本义是米虫，这个意思并不常用，经常借用"彊"来表示"強"字，后来"強"字右上部分写成"口"，变成了"强"。

● 汉字的演变过程

篆书　　隶书

● 汉字与成语典故

差强人意　差：稍微的。强：振奋。原指还能振奋人们的意志。后来指勉强能令人满意。《后汉书·吴汉传》："吴公差强人意，隐若一敌国矣！"

矢

　　"矢"字甲骨文的字形是一支箭的形象，写作 ，有箭头、箭杆和箭宇。"矢"的本义是弓箭，古代常用箭来衡量长度，所以用"矢"所造的字多和箭或者衡量有关。

zhì

笔画 6画
部首 至
结构 上下

"至"字最早的字形是一支箭射到地面的形象,表示到达、到来,"至"的本义是到来,根据这个字又造出"到"字,"到"的本义是人到达、达到。

● 汉字的演变过程

| 甲骨文 | 金文 | 篆书 | 隶书 |

● 汉字与成语典故

至高无上 最高,没有比它更高的了。《淮南子·缪称训》:"道至高无上,至深无下,平乎准,直乎绳,圆乎规,方乎矩。"

hóu

笔画 9画
部首 亻
结构 左右

"侯"字早期的字形是用箭射一块挂着的布的形象,后来在字形里又加上"人",表示人在射箭,它的本义是古代举行射礼时用的射布,又引申为爵位的一种。

● 汉字的演变过程

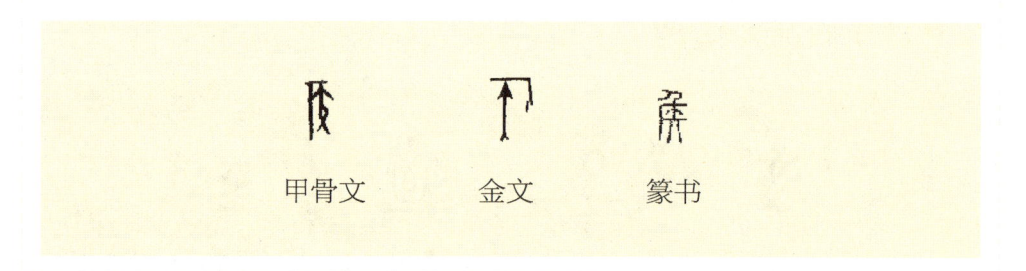

| 甲骨文 | 金文 | 篆书 |

● 汉字与成语典故

侯门似海 侯门:指达官贵人之家。王侯的门庭就像深海一样。形容大官僚的家庭门卫森严,不能自由出入。唐代崔郊《赠去婢》诗:"公子王孙逐后尘,绿珠垂泪滴罗巾。侯门一入深如海,从此萧郎是路人。"

hòu

笔画 10 画
部首 亻
结构 左右

　　"候"字是在"侯"的基础上又加上一个人,"侯"表示在射布上射箭,人在射箭之前先要仔细观察,"候"的本义便是守望。从守望引申为侦察和侦察的人,从侦察、观察引申为征兆和清醒,又引申为时节。

● 汉字的演变过程

篆书　　隶书

● 汉字与成语典故

鸡鸣候旦　怕不知道天亮了而耽误正事,天没亮就起身。宋代徐铉《和张先辈见寄》:"鸡鸣候旦宁辞晦,松节凌霜几换秋。"

刀

在冷兵器时代，"刀"是应用最为广泛的一种武器，也是最为普遍的工具，用"刀"造出来的字非常多，它是汉字比较大的一个部首。"刀"字甲骨文写作 ，是一把砍刀的形象，后来为了写起来方便，字形和刀的形象已经不太像了。做偏旁的时候在字的右边一般写作"刂"，用刀所造的字和刀、砍有关。

生活篇 155

fēn/fèn

笔画　4画
部首　八
结构　上下

"分"字的字形下面是"刀"，上面是"八"，表示分开。两部分合在一起表示用刀进行分开，所以"分"的本义是分割、分开。

● 汉字的演变过程

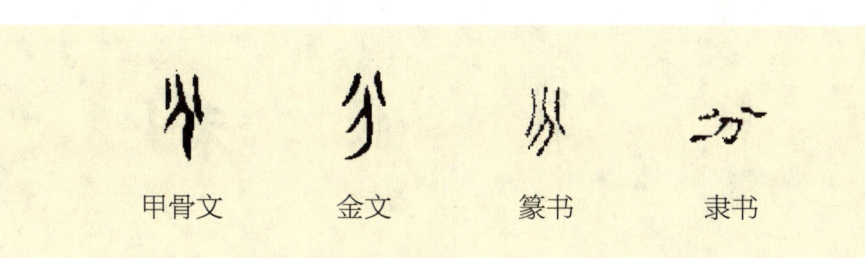

| 甲骨文 | 金文 | 篆书 | 隶书 |

● 汉字与成语典故

分崩离析　形容国家、集团等分裂离散，不能保持统一和团结。《论语·季氏》："邦分崩离析，而不能守也。"

利

笔画	7画
部首	刂
结构	左右

"利"字的左边是"禾",代表庄稼,右边是"刀",表示用镰刀收割庄稼,所以"利"的本义是锋利。

● 汉字的演变过程

甲骨文	金文	篆书	隶书

● 汉字与成语典故

成败利钝 利:锋利,引申为顺利。钝:刀锋不快,引申为挫折。意指成功、失败、顺利、挫折,泛指处事的各种情况。诸葛亮《出师表》:"臣鞠躬尽瘁,死而后已。至于成败利钝,非臣之明所能逆睹也。"

生活篇　157

bān

班

笔画　10画
部首　王
结构　左中右

"班"字的中间是一把刀的形象，它的字形是一把刀分开两块玉。"班"的本义是分开瑞玉，引申为分开。

● 汉字的演变过程

班	班	班
金文	篆书	隶书

● 汉字与成语典故

按部就班　按、就：依遵。部：门类，类别。班：次序。指办事情按照一定的条理。西晋陆机《文赋》："收百世之阙文，采千载之遗韵……然后选义案部，考辞就班。"

biàn

笔画 16画
部首 辛
结构 左中右

"辨"字的字形左右都是"辛"——一把刑刀的形象,两把刑刀原本合在一起,中间加上一把刀表示用刀来分开。"辨"的本义是剖分、区分。

● 汉字的演变过程

| 金文 | 篆书 | 隶书 |

● 汉字与成语典故

不辨菽麦 菽:豆类。分不清豆子和麦子。原指愚昧无知。今指不参加生产劳动,缺乏常识或实践知识。《左传·成公十八年》:"周子有兄而无慧,不能辨菽麦,故不可立。"三国时期陈琳《檄吴将校部曲文》:"孙权小子,未辨菽麦。"

生活篇

rèn

刃

笔画 3画
部首 刀
结构 独体

"刃"字的字形是在刀口的位置加一个指示符号，表示刀口、刀刃。

● 汉字的演变过程

| 甲骨文 | 篆书 | 隶书 |

● 汉字与成语典故

游刃有余 游刃：运行刀刃。原指肢解牛体时，能看准骨节的空隙下刀，刀刃运行于空隙之间大有回旋的余地。后用以比喻技巧熟练高超，做事轻而易举。成语出自《庄子·养生主》："彼节者有间，而刀刃者无厚；以无厚入有间，恢恢乎其于游刃必有余地矣，是以十九年而刀刃若新发于硎。"

㫃

"㫃"读作yǎn，是表示旗子形象的基本字源，旗子也是打仗常用的用具，军队聚合士兵指挥作战都要用到旗子，所以归到武器一类。"㫃"字最早的形象是一面旗子在飘动，后来字形发生变化，左边写成"方"，右边是"人"，做偏旁时，写作"𭤨"，所造的字多和旗帜、飘动等有关。

生活篇 161

zú

笔画 11画
部首 方
结构 左右

"族"的字形是旗子下面有一支箭的形象，箭代表武器，这里表示把人聚在一起准备战斗。上古的战争主要是部落和部落之间的战争，一起打仗的人都是一个宗族或者家族的，所以"族"的本义是宗族、家族，后来引申为更为广泛的种族。

● 汉字的演变过程

| 甲骨文 | 金文 | 篆书 | 隶书 |

● 汉字与成语典故

名门望族　有名望的、地位显贵的家族。《水浒后传》四十回："莫若遍选名门望族，与中土来的文武各官，或量品级尊卑，或论年纪大小，一边求婚，一边择婿，务使门当户对，两相情愿。"

lǚ

笔画 10画
部首 方
结构 左右

"旅"字早期的字形上面是旗子,下面是两个人,表示人聚在一面旗子下成为一个军队,所以"旅"的本义是军队,至今仍在使用,军队打仗要在外面行动很长时间,所以把出行在外也叫"旅",如"旅行"。

● 汉字的演变过程

| 甲骨文 | 金文 | 篆书 | 隶书 |

● 汉字与成语典故

旅进旅退 旅:共同,一起。大家一起或前进或后退。后比喻进退随大流,没有主见,无所作为。《礼记·乐记》:"今夫古乐,进旅退旅,和正以广。"《国语·越语上》:"吾不欲匹夫之勇也,欲其旅进旅退也。"

生活篇

shī

施

笔画 9画
部首 方
结构 左右

　　"施"字的字形上面部分表示旗子，下面是蛇的形象，表示旗子像蛇游动一样在飘动。"施"的本义是旗子在飘动的样子，引申为蔓延、铺开，又引申为实现、实行。"施"表示旗子的意思很早就不用了，最常用的意思是实现、实行。

● 汉字的演变过程

施　　施
篆书　　隶书

● 汉字与成语典故

　　因材施教　因：根据。施：实行，采取。针对不同对象的年龄、能力、性格、志趣等具体情况，施行不同的教育方法。宋代程颐《河南程氏遗书》："孔子教人，各因其材，有以政事入者，有以言语入者，有以德行入者。"

力

"力"甲骨文写作 ↙，字形是一个耕田的犁，上面是弯曲的木柄，下面是挖到田里的刃。"力"的本义是耕地的农具，因为耕田需要用力气，所以又引申为体力、气力。用"力"造的字多和耕田、力量有关。

生活篇 165

nán

笔画	7画
部首	田
结构	上下

　　"男"字的字形是"田"字加上"力"字，表示用犁在田里耕作。古代男耕女织，田里的力气活是男人的事情，所以"男"的本义是男性。

● 汉字的演变过程

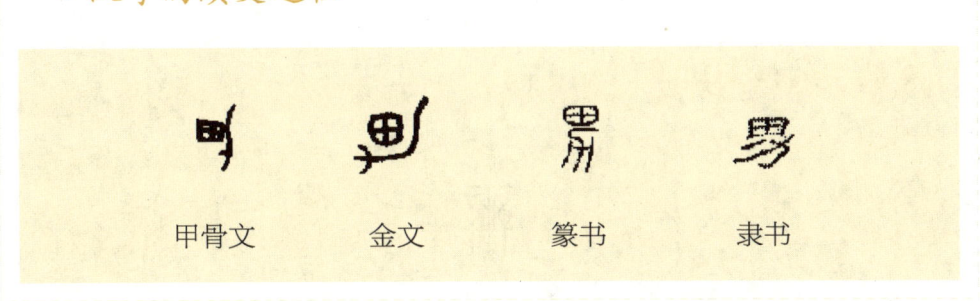

| 甲骨文 | 金文 | 篆书 | 隶书 |

● 汉字与成语典故

　　男耕女织　封建社会中的小农经济，一家一户经营，男人耕田，女人织布。指全家分工劳动，常用来形容美好的农村田园生活。《资治通鉴·唐宣宗大中五年》："百姓男耕女织，不温自饱，而群僧安坐华屋，美衣精馔、率以十户不能养一僧。"

bàn

笔画　4画
部首　力
结构　独体

"办"字的繁体字形是"辦",两边是"辛",表示分开,中间的"力"表示用力,合在一起表示用力切开。这个字形在简化字里,根据草书改成了一左一右两个点儿。"办"的本义是用力做、办理、治理。

● 汉字的演变过程

篆书

● 汉字与成语典故

公事公办　按规定办事,不讲情面,不徇私情。清代袁枚《新齐谐·金刚作闹》:"地藏王晓得公事公办,无可挽回,故替我拦住金刚神,不许再来作闹,仍将某公解回听审。"

生活篇 167

liè

笔画 6画
部首 力
结构 上下

"劣"字的字形上面是"少",下面是"力",合起来是"少力",所以"劣"的本义是力气弱小,引申为差一等的、不好的。

● 汉字的演变过程

篆书　隶书

● 汉字与成语典故

优胜劣败　指事物在生存竞争过程中,品质优良的得以存活,而品质低劣的就被淘汰。清代吴趼人《痛史》第一回:"既有了国度,就有竞争。优胜劣败,取乱侮亡,自不必说。"

耒

　　"耒"的来源和"力"一样，也表示犁的意思。金文写作🖋，也是画了一个耕田的犁，但是在犁的上面加上一只手，表示手拿着犁在耕地，后来上面手的形象被误写成了三撇，后又改成三横，就看不出手的形象了。"耒"的本义是耕地、松土的农具，用"耒"所造的字和农具或者农业劳动等有关。

生活篇

gēng

笔画 10画
部首 耒
结构 左右

"耕"字左边是"耒",右边是"井",表示井田。古代政府把一大块田分为九块,中间一块是公田,公田大家一起种,收的粮食归国家所有,合在一起是一个"井"字,所以叫做"井田"。"耕"的本义是用犁在田里松土,后来泛指所有的农业劳动,后来又用"耕"来形容致力于其他事业。

● 汉字的演变过程

| 篆书 | 隶书 |

● 汉字与成语典故

躬耕乐道 躬:亲自。道:圣贤之道。亲自耕种,乐于信守圣贤之道。指过隐居生活。《三国志·魏书·胡昭传》:"昭乃转居陆浑山中,躬耕乐道,以经籍自娱。"

pá

笔画 10画
部首 耒
结构 左右

"耙"字左边的"耒"表示松土的农具，右边的"巴"表示读音，字形是一条蛇的形状，这里也表示爬行的意思，"耙"的本义是一种碎土和平地的农具。

● 汉字的演变过程

金文大篆

● 汉字与成语典故

倒打一耙　比喻不仅不接受对方的意见，反而反咬一口，指摘对方。《施公案》第六十四回："小弟有心去了，又恐兄长倒打一耙，怪我小弟，是以去而复返。"

缶

"缶"是一个与制陶有关的基本字源,"缶"甲骨文写作 ，上面是一个木杵的象形,木杵是制陶之前用来捣拌黏土的,下面是一个陶做的容器,这两个形象合在一起表示用黏土烧制出陶器。"缶"的本义是制作陶器,用"缶"所造的字多和陶器有关。

陶

táo / yáo

笔画 10 画
部首 阝
结构 左右

"陶"字最早的字形下面是"缶",表示制作陶器,上面的"勹"是弯着身子的人,合在一起表示人在制作陶器。这个字形一般不单用,后来加上"阜"字,即左耳旁,表示高坡,强调烧制陶器要在高坡上进行。"陶"的本义是制作陶器。

● 汉字的演变过程

金文	篆书	隶书

● 汉字与成语典故

陶然自得 陶然:舒适欢畅的样子,成语意指自己觉得快意欢畅。北宋苏轼《杨绘知徐州敕》:"坐废十年,陶然自得。"

生活篇

quē

笔画 10画
部首 缶
结构 左右

"缺"字的左边是"缶",表示陶器,右边的"夬"表示读音,"夬"是拉紧箭的缺口向外射出,所以也表示缺口的意思,两个形象合在一起表示陶器上的缺口。"缺"的本义是器具破损,引申为缺少、缺陷。

● 汉字的演变过程

篆书

● 汉字与成语典故

抱残守缺 守着残缺的东西不放。形容泥古守旧,不思改进。西汉刘歆《移书让太常博士》:"犹欲保(抱)残守缺,挟恐见破之私意,而无从善服义之公心。"

qìng

笔画　17画
部首　缶
结构　上下

"罄"字下面的"缶"表示陶瓦器，上面的部分是"声"，"声"字的原始字形是用手拿着棒槌敲悬挂着的乐器，上下两部分合在一起表示容器空了就可以敲出声音来，所以"罄"的本义是器皿空了，引申为用完。

● 汉字的演变过程

篆书

● 汉字与成语典故

罄竹难书　罄：尽，全。竹：古代用于写字的竹简。形容罪恶极多，书写不完。成语出自《吕氏春秋·明理》："此皆乱国之所生也，不能胜数，尽荆、越之竹犹不能书。"《旧唐书·李密传》："罄南山之竹，书罪未穷；决东海之波，流恶难尽。"

wǎ/wà

笔画 4画
部首 瓦
结构 独体

"瓦"字篆书字形是屋瓦相互扣在一起的样子,本义是屋顶上的瓦片。古代的瓦是用粘土烧制而成的,又指用土烧制成的陶器,所以陶器也叫瓦器。

● 汉字的演变过程

篆书

● 汉字与成语典故

土崩瓦解 像土的崩塌、瓦的分解一样。比喻彻底溃败,无法收拾。《史记·秦始皇本纪》:"秦之积衰,天下土崩瓦解。"

斤

　　"斤"是一把斧子的形象,"斤"甲骨文写作 ,就像是一把横刃的斧子,后来字形渐渐发生了变化,便不太象形了。"斤"的本义是砍木头所用的斧子,用"斤"所造的字多和斧子、砍伐有关系。

生活篇 177

斧 fǔ

笔画 8画
部首 父
结构 上下

"斧"的字形来源于"父"字,"父"的形象是用手拿着一把斧子的样子,所以"父"的本义是斧子。原始社会时,拿着斧子去干活的人都是成年男性,后来"父"字又转指男性的长辈——父亲,因为"父"代表了男性长辈,所以就造了"斧"字来表示斧子。

● 汉字的演变过程

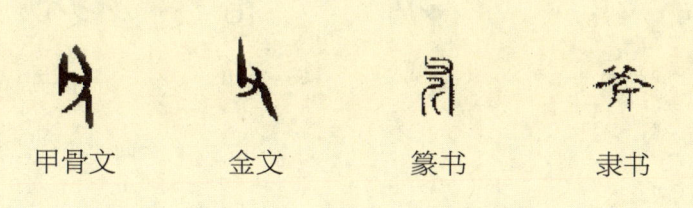

甲骨文	金文	篆书	隶书

● 汉字与成语典故

班门弄斧 班:鲁班,古代的能工巧匠。弄:舞弄。在鲁班门前舞弄斧头。比喻在行家面前卖弄本领。北宋欧阳修《与梅圣俞书》:"昨在真定,有诗七八首,今录去,班门弄斧,可笑可笑。"

shé/zhē/zhé

笔画　7画
部首　扌
结构　左右

"折"字右边是"斤",代表斧子,左边部分最早是一棵树被砍成两段的形象,后来字形发生了变化,就写成了提手旁。整个字形合在一起表示用斧子把树砍断,"折"的本义就是折断。

● 汉字的演变过程

甲骨文	金文	篆书	隶书

● 汉字与成语典故

百折不挠　折:挫折。挠:弯曲,屈服。无论受多少挫折,也不屈服。形容意志坚强,品节刚毅。汉代蔡邕《太尉乔公碑》:"其性庄,疾华尚朴,有百折而不挠、临大节而不可夺之风。"

生活篇 179

xī

笔画 8画
部首 木
结构 左右

"析"字左边是"木",右边是"斤",表示用斧子来劈开木材,引申为分开、偷袭的意思。

● 汉字的演变过程

| 甲骨文 | 金文 | 篆书 |

● 汉字与成语典故

析言破律　割裂破坏法律条文。指徇私枉法,随意曲解法律。《礼记·王制》:"析言破律,乱名改作,执左道以乱政,杀。"

xīn

笔画 13画
部首 斤
结构 左右

"新"的字形最早的写法，右边是"斤"，表示斧子，左边是"木"，表示用斧子来砍树。左边的上半部分其实是"辛"字，在这里表示读音，所以"新"的本义就是砍柴。初始的、没用过的是它的假借义。"新"有了假借义之后，造了一个"薪"字表示砍柴，"艹"表示和草木等植物有关，"薪"指木材，柴和水都是生活的必需品，所以用"薪水"来指代生活费和工资。

● 汉字的演变过程

| 甲骨文 | 金文 | 篆书 | 隶书 |

● 汉字与成语典故

新陈代谢 比喻新事物不断滋生发展，代替旧事物。汉代蔡邕《笔赋》："上刚下柔，乾坤之位也；新故代谢，四时之次也。"

生活篇

jiàng

笔画　6画
部首　匚
结构　半包围

　　"匠"字是一个筐子的形象，里面是一把斧子，在筐子里放着斧子表示这是一个木匠，所以"匠"的本义就是木匠。现在多用来泛指各种技术工人，也用来尊称在某方面有特殊造诣的人，如"文坛巨匠"。

● 汉字的演变过程

篆书　　隶书

● 汉字与成语典故

别具匠心　匠心：巧妙的构思（多指文学艺术方面创造性的构思）。指具有与众不同的巧妙构思。清代陈廷焯《白雨斋词话·三·竹垞〈静志居琴趣〉》："《蕃锦集》运用成语，别具匠心，然皆无甚大过人处。"

臼

　　"臼"是一种用来捣谷的坑，米、谷等庄稼有壳，人们为了脱壳想到一种办法——把它们放到一个坑里面，然后拿一些木棒来捣击这些谷子，这种办法叫做舂谷。用来舂谷的这个坑就叫做"臼"。"臼"本来是在地面上挖一个坑，后来又发现在坚硬的石头上凿一个坑更容易让谷子脱壳。这就是我们后来说的石臼。"臼"的本义就是一种舂米的器具，用"臼"造的字多和舂谷或者坑有关系。

生活篇

chōng

舂

笔画　11画
部首　臼
结构　上下

　　"舂"字非常象形，在金文中上面是两个手举着一个木棒的形象，下面是舂谷的"臼"，表示人在臼里面捣谷的意思，"舂"的本义就是捣谷，古代和今天的意思都是一样的。

● 汉字的演变过程

| 甲骨文 | 金文 | 篆书 | 隶书 |

● 汉字与成语典故

以戈舂黍　用戈去舂黍米。比喻做事的方法或使用的工具不当，无法达到目的。成语出自《荀子·劝学》："不道礼宪，以《诗》《书》为之，譬之犹以指测河也，以戈舂黍也，以锥餐壶也，不可以得之矣。"

tāo

笔画 13画
部首 氵
结构 左右

"滔"是形声兼会意字。左边是水部,右边声旁,同时表示漫出的意思,用水漫出表示水很大,所以"滔"的本义是水势盛大的样子。后来引申为连续不断。

● 汉字的演变过程

| 金文 | 篆书 | 隶书 |

● 汉字与成语典故

滔滔不绝 滔滔:形容流水不断。像流水那样毫不间断。指话很多,说起来没完。五代时期王仁裕《开元天宝遗事·走丸之辩》:"张九龄善谈论,每与宾客议论经旨,滔滔不竭,如下坂走丸也。"

网

"网"甲骨文写作𦉫，是一张"网"的形象，今天来看这个字形依然很像网。用"网"所造的字多和网有关系，"网"做偏旁的时候一般写在上面，后来字形发生了变化，就写成了"罒"，今天有很多字带着"罒"，其实都是"网"。

wǎng

笔画　8画
部首　冂
结构　半包围

　　"罔"，这个字形本来和"网"的写法是完全一样的，后来在字形的下面加上"亡"字，用来表示读音，它的本义仍然是渔猎所用的网。网的作用是把东西盖住，所以又引申为蒙蔽、欺骗的意思。"罔"字用"亡"来表示读音，所以它也假借表示没有和不的意思。

● 汉字的演变过程

甲骨文　　金文　　篆书

● 汉字与成语典故

置若罔闻　置：安放，搁开。若：好像。罔：没有。放在一边，好像没有听到一样。形容不加理睬。明代周顺昌《周仲介公烬余集·一·福州高珰纪事》："复严谕速出迎诏，竟置若罔闻，其悖逆至是，他奚论耶！"

luó 罗

笔画 8画
部首 罒
结构 上下

　　"罗"字甲骨文字形上面画了一个网的形状，繁体字写作"羅"，下面左边是丝字旁，表示网是用丝制成的，下面右边是"隹"，即鸟的形象，这里表示用来抓鸟的网。简化字根据草书写的比较简省，下面的丝和鸟的形象都已经看不出来了。"罗"的本义是捕鸟用的网，在很多词语中这个含义还都保留着，比如"自投罗网""天罗地网"。

● 汉字的演变过程

甲骨文	篆书	隶书

● 汉字与成语典故

　　门可罗雀　罗：捕鸟的网，此作动词。这个成语原指门前可以张网捕雀。后用来形容门庭冷落，宾客稀少。《史记·汲郑列传》："始翟公为廷尉，宾客阗门；及废，门外可设雀罗。"

zuì

笔画 13画
部首 罒
结构 上下

"罪"字的上面带"罒",它的本义是捕鱼用的竹网。"罪"字本来写作"辠",上面的"自"表示人的鼻子,下面的"辛"表示刑刀,是一种非常残酷的刑法,"辠"的本义就是惩罚治罪。秦始皇统一中国后自称始皇帝,因为"辠"字上面的一半和"皇"很像,秦始皇觉得这样很不吉利,于是废除了"辠"字,用原来表示渔网的"罪"字来代替它,这样"罪"就从一张网来转指惩罚和治罪。

● 汉字的演变过程

金文	篆书	隶书

● 汉字与成语典故

怀璧其罪 璧:美玉。指怀抱着美玉而招来罪过。比喻因为财宝或珍贵的事物而得到祸患,也比喻有才能的人遭到嫉妒和陷害。成语出自《左传·桓公十年》:"匹夫无罪,怀璧其罪。"

亼

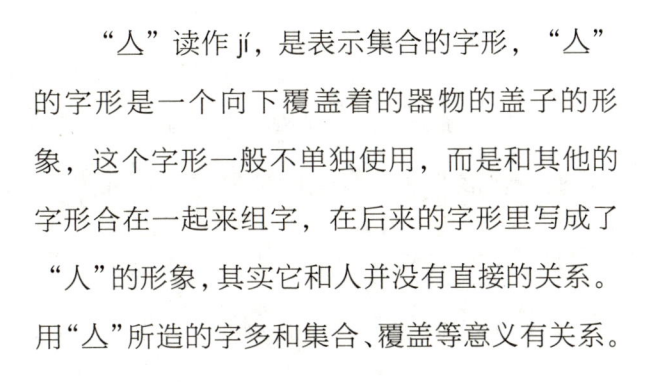

"亼"读作 jí，是表示集合的字形，"亼"的字形是一个向下覆盖着的器物的盖子的形象，这个字形一般不单独使用，而是和其他的字形合在一起来组字，在后来的字形里写成了"人"的形象，其实它和人并没有直接的关系。用"亼"所造的字多和集合、覆盖等意义有关系。

gě/hé

笔画 6画
部首 人
结构 上下

　　"合"字最初的字形非常象形，上面是器物的盖子，下面是一个容器的形状，它的本义是扣合、闭合，因为整体的字形是一个盒子的形象，所以也表示盒子的意思。后来"合"在底下又加了一个"皿"，表示盛东西的器皿，写成了我们今天的"盒"。

● 汉字的演变过程

| 甲骨文 | 金文 | 篆书 | 隶书 |

● 汉字与成语典故

貌合神离　表面上关系密切，实际上各怀异心。指没有诚意。汉代黄公石《素书·遵义》："貌合心离者孤，亲谗远忠者亡。"

生活篇 191

仓

cāng

笔画 4画
部首 人
结构 上下

"仓"字最早的字形是画了一个仓库的形象，上面的盖子象征着粮仓的仓顶，下面是仓体，里面的"口"表示进出的门。"仓"的本义是粮仓，后来所有储藏物品的地方都叫做"仓"。

● 汉字的演变过程

| 甲骨文 | 金文 | 篆书 |

● 汉字与成语典故

暗度陈仓 度：越过。陈仓：地名，在今陕西省宝鸡地区。指正面迷惑敌人，而从侧翼突袭。也指暗中进行的活动。成语出自《史记·高祖本纪》：韩信登坛拜将后，将出兵攻打项羽，表面上公开派人修筑栈道，暗中却由陈仓出兵，进而平定三秦。

壴

"壴"读作 zhù，是一个鼓的形象，甲骨文写作壴，下面像是鼓架，中间是一个横放着的鼓，上面就是鼓上的装饰。用"壴"所造的字并不太多，多和鼓或者击鼓有关系。

生活篇

gǔ

笔画 13画
部首 士
结构 左右

　　"鼓"字是直接从"壴"的形象造出来的字,左边的"壴"是鼓的形象,右边是手拿着鼓锤在敲鼓。"鼓"的本义就是击鼓,也表示鼓这种打击乐器。鼓是古代的一种常用乐器,人们在祭祀宴乐,甚至打仗的时候都经常要用到,听到鼓声能够让人欢欣振奋,所以"鼓"又有激发、振作的意思,如"鼓舞"。

● 汉字的演变过程

| 甲骨文 | 金文 | 篆书 | 隶书 |

● 汉字与成语典故

偃旗息鼓　放倒军旗,停止击鼓,指不暴露目标或停止战斗,亦指不做战争准备。《三国志·赵云传》裴松之注引《赵云别传》:"云入营,更大开门,偃旗息鼓。公军疑云有伏兵,引去。"

péng

笔画 12画
部首 彡
结构 左右

"彭"是会意字，左边画了鼓的形状，右边的"彡"象征着鼓声。"彭"的本义是击鼓所发出来的声音。

● 汉字的演变过程

| 甲骨文 | 金文 | 篆书 | 隶书 |

● 汉字与成语典故

彭寿殇龄 殇：未成年而死。指各人的寿命长短不同。成语出自《庄子·齐物论》："天下莫大于秋毫之末，而大山为小，莫寿乎殇子，而彭祖为夭。"

qǐ

笔画 6画
部首 山
结构 上下

　　"岂"最初也和鼓声有一定的联系，它的繁体字形是"豈"，整体上仍然是一个鼓的形象，只不过把上面装饰的部分写成了"山"字，简化字根据草书把下面改成了"己"，鼓的形象就完全看不出来了。"岂"这个字最初读作kǎi，本义是军队得胜后归来所奏的乐曲，后来这个"岂"被假借为疑问词，读作"qǐ"。

● 汉字的演变过程

| 甲骨文 | 篆书 | 隶书 |

● 汉字与成语典故

　　岂有此理 岂：反诘语气副词，相当于"哪里"。哪有这样的道理。表示对自以为不合理的事情加以驳斥，也指对某种荒谬的言行表示愤慨和反对。《南齐书·虞悰传》："郁林废，悰窃叹曰：'王、徐遂缚袴废天子，天下岂有此理邪？'"

kǎi

笔画 8画
部首 几
结构 左右

"凯"字左边部分是鼓声，右边的"几"是几案，大概是因为鼓要放在几案上，所以加了一个"几"字。"凯"的意思是军队的得胜乐，"凯旋"就是奏着得胜乐返回来，指获胜归来。

● 汉字的演变过程

篆书　　隶书

● 汉字与成语典故

凯风寒泉　凯风：和风，比喻母爱。寒泉：比喻劳苦、忧患。表示子女对母亲的深切思念。《诗经·邶风·凯风》："凯风自南，吹彼棘心。棘心夭夭，母氏劬劳。……爰有寒泉？在浚之下。有子七人，母氏劳苦。"

生活篇

kǎi

笔画 9画
部首 忄
结构 左右

"恺"字右边的"岂"指鼓声，听到鼓声就会振奋、高兴，所以给这个"岂"加上一个"忄"，表示心里的情绪，"恺"是指高兴、快乐。

● 汉字的演变过程

篆书　　隶书

● 汉字与成语典故

恺悌君子　恺悌：和乐平易。指道德品行高尚的君子。左丘明《左传·僖公十二年》："恺悌君子，神所劳矣。"

聿

　　"聿"字甲骨文写法为 ，是画了一只手拿着毛笔的形象，底下分叉的地方表示毛笔的笔尖，"聿"的本义就是写字、画画用的工具笔。用"聿"所造的字多和笔或者写、画有关系。注意在组成的字形里面"聿"的写法变化比较大，有的下面变成了一横，有的下面的竖不露头，但是它们都是来源于笔的形象。

生活篇

bǐ

笔画 10画
部首 竹
结构 上下

"笔"的繁体字是"筆",它是直接从"聿"分化出来的字。"聿"这个字后来一般假借为语气助词,不用来表示笔了,所以就在上面加了一个"竹",表示笔杆是用竹子制成的。

● 汉字的演变过程

篆书　　隶书

● 汉字与成语典故

投笔从戎　投:扔,掷,放下。从戎:参军。指文人放弃文墨生涯去参加军队。成语出自《后汉书·班超传》:"大丈夫无他志略,犹当效傅介子、张骞,立功异域,以取封侯,安能久事笔砚间乎?"

huà

笔画　8画
部首　一
结构　半包围

"画"字最早的字形上面是手拿着笔的形象，下面是用笔画出来的形象。"画"的本义是绘画，后来把下面绘画的形象写成了"田"，简化字只取下面的一半来组成字，"画"和笔的联系就看不出来了。

● 汉字的演变过程

| 甲骨文 | 金文 | 篆书 | 隶书 |

● 汉字与成语典故

画地为牢　牢：指监狱。相传上古时，在地上画个圈，让犯人站在圈中，以示惩罚，这个圈就类似于后代的监牢。原指在地上画个圈作为牢狱。后比喻严格限制活动的范围。汉代司马迁《报任少卿书》："故士有画地为牢，势不可入，削木为吏，议不可对，定计于鲜也。"

生活篇　201

写

xiě

笔画　5画
部首　冖
结构　上下

　　"写"的繁体字"寫"是形声字，上面的宝盖头表示房子，下面的"舄"表示读音，它的本义是把物品从其他地方移动到这所房子里来，是移放、转移的意思，引申为倾诉、倾吐。写字和画画是一种将实际的物体转换成为图像的行为，所以描摹和书写都可以叫做"写"，古代的画画也叫做"写"，今天有些词语里边还保留着这个意思，如"写生""写照""写意"。

● 汉字的演变过程

篆书　　隶书

● 汉字与成语典故

轻描淡写　　原谓绘画时用浅淡颜色轻轻描绘。后比喻说话或作文时对某事仅一语带过。清代吴趼人《二十年目睹之怪现狀》第四十八回："臬台见他说得这等轻描淡写，更是着急。"

zhòu

笔画 9画
部首 一
结构 上下

"昼"字的繁体字是"晝",这个字形上面的"聿"是手拿着笔,下面的"日"指太阳,"日"上下两条线表示光晕、光芒。"昼"的本义是指白天,即从天亮到天黑的这段时间。

● 汉字的演变过程

| 金文 | 篆书 | 隶书 |

● 汉字与成语典故

昼夜兼行 日夜不停地赶路。《三国志·吴书·吕蒙传》:"蒙至寻阳……昼夜兼行,至羽所置江边屯候,尽收缚之,是故羽不闻知。"

索 引

A

安 63
岸 76

B

耙 170
班 157
般 124
办 166
邦 113
饱 29
宝 62
逼 50
笔 199
币 10
闭 90
敝 9

辨 158
宾 66
帛 8
布 7

C

仓 191
舂 183
初 2
船 122
床 100
闯 92
审 72

D

盗 59
登 52

都 111

F

伐 141
房 95
扉 97
分 155
服 123
辐 119
福 49
斧 177
府 81
副 48
富 47

G

隔 39

耕	169	既	26	邻	114
沟	104	家	64	轮	117
篝	105	匠	181	罗	187
鼓	193	酱	45	旅	162
卦	133	郊	112		
冠	15	矜	145	**M**	
郭	136	酒	42	麻	82
国	109			冒	13
裹	4	**K**		寐	102
		凯	196	蒙	16
H		恺	197	盟	58
合	190	客	65	冕	14
侯	152	空	69		
候	153	库	80	**N**	
画	200			男	165
或	108	**L**			
		礼	53	**P**	
J		厉	78	盘	125
饥	32	利	156	彭	194
即	25	岁	167		

索 引

Q

岂	195
启	94
腔	70
强	149
寝	101
磬	174
囚	107
缺	173

R

刃	159
荣	87
融	38

S

厦	83
扇	96
裳	3
社	130
神	127
施	163
石	74
饰	30
熟	137
戍	140
丝	19
宿	67

T

滔	184
陶	172
突	71

W

瓦	175
外	134
罔	186
武	139
务	143
鹜	144

X

析	179
系	21
辖	120
闲	91
献	40
乡	27
写	201
新	180
玄	23
血	57

Y

崖	77
养	31
幺	22
益	55
引	148

盈	56	Z		轴	118
莹	85	则	34	昼	202
萤	86	贼	60	酌	44
萦	88	占	132	宗	129
幽	20	张	147	卒	5
牖	99	折	178	族	161
冤	17	贞	36	祖	128
员	35	郑	115	罪	188
原	75	织	11	尊	43
		至	151		

中华优秀传统文化
汉字课

自然篇

朱叙国 主编

江苏凤凰文艺出版社

图书在版编目（CIP）数据

中华优秀传统文化汉字课．自然篇/朱叙国主编
. -- 南京：江苏凤凰文艺出版社，2022.1
ISBN 978-7-5594-6319-7

Ⅰ.①中… Ⅱ.①朱… Ⅲ.①汉字 - 小学 - 教学参考资料 Ⅳ.① G624.203

中国版本图书馆 CIP 数据核字 (2021) 第 195310 号

中华优秀传统文化汉字课．自然篇

朱叙国　主编

出 版 人	张在健
责 任 编 辑	朱雨芯
策 划 编 辑	文芹芹
装 帧 设 计	观止堂_叶小舟
责 任 印 制	刘　巍
出 版 发 行	江苏凤凰文艺出版社
	南京市中央路165号，邮编：210009
网　　　址	http://www.jswenyi.com
印　　　刷	苏州市越洋印刷有限公司
开　　　本	787毫米×1092毫米　1/16
印　　　张	11.25
字　　　数	115千字
版　　　次	2022年1月第1版
印　　　次	2022年1月第1次印刷
书　　　号	ISBN 978-7-5594-6319-7
定　　　价	99.00元（全3册）

江苏凤凰文艺版图书凡印刷、装订错误，可向出版社调换，联系电话 025-83280257

马

"马"在古代交通中起着非常重要的作用,"马"的速度比较快,又有一定的载重能力,是古代骑乘拉车的首选动物。"马"字的甲骨文字形是 ,是一匹"马"的形象,强调"马"的身体比较长,脖子上长满了鬃毛的特征。到了楷书之后,繁体字形"馬"还是非常形象的,有马的鬃毛和四条腿,简化字去掉鬃毛,四条腿用横表示。用"马"所造的字和动物马有关。

jiāo

笔画 9画
部首 马
结构 左右

"骄"字繁体字写作"驕",左边是"马",右边的"乔"从繁体字形里能够看出是站在高处的人形,"乔"的意思是高,"骄"的本义是高头大马,从马很高引申为人自满、自大、骄傲。

● 汉字的演变过程

篆书　　隶书

● 汉字与成语典故

骄兵必败　骄兵:恃强轻敌的军队。恃强轻敌的军队必定会打败仗。《汉书·魏相传》:"恃国家之大,矜民人之众,欲见威于敌者,谓之骄兵,兵骄者灭。"

zhòu

笔画 17 画
部首 马
结构 左右

"骤"字的左边是"马",右边的"聚"意思是聚集,这里表示步子很密,"骤"的本义是马奔驰,引申为快速、极速。

● 汉字的演变过程

篆书

● 汉字与成语典故

暴风骤雨 暴:猛烈。骤:急速。迅猛的疾风阵雨。《西游记》第六十九回:"有雌雄二鸟,原在一处同飞,忽被暴风骤雨惊散。"

牛

　　"牛"甲骨文写作💢，是一个牛头的形象，在这个形象里重点突出了牛角、牛耳的特征。"牛"的本义指牛这种家畜，用"牛"所造的字和牛或者动物有关。

自然篇　5

mù

笔画　8画
部首　牛
结构　左右

"牧"字的左边是一头"牛",右边是手拿棍棒的形象,手里拿着棍棒在赶牛,即放牧,"牧"的本义是放牧牲畜,从放牧牲畜又引申为管理和统治。

● 汉字的演变过程

| 甲骨文 | 金文 | 篆书 | 隶书 |

● 汉字与成语典故

十羊九牧　牧:放牧的人。十只羊竟然有九个牧羊人。古代有"以羊为民,以牧人为官"的说法,比喻民少官多。成语出自《隋书·杨尚希传》:"所谓民少官多,十羊九牧。"

bàn

半

笔画　5 画
部首　丷
结构　独体

"半"字最早的字形上面是"八","八"是一左一右两个物体,表示分开,下半部分是"牛",合起来表示把牛分为两部分,引申为事物的二分之一,后来上面的字形"八"改成相对的两点,变成了现在的字形。

● 汉字的演变过程

金文　　篆书　　隶书

● 汉字与成语典故

半途而废　废:停止。半路上停下来不再前进。比喻做事有始无终。成语出自《礼记·中庸》:"君子遵道而行,半涂(途)而废,吾弗能已矣。"

自然篇 7

tè

笔画 10画
部首 牛
结构 左右

"特"字的字形中，左边的"牛"表示与牛有关，"特"的本义是公牛，公牛的形体非常大，所以又引申为独特、不一般。

● 汉字的演变过程

篆书　　隶书

● 汉字与成语典故

特立独行　操守独特高洁，不随波逐流。成语出自《礼记·儒行》："世治不轻，世乱不沮，同弗与，异弗非也，其特立独行，有如此者。"

物

wù

笔画 8画
部首 牛
结构 左右

"物"字的左边是"牛",右边是一把刀,"物"的本义是杀牛,又指杂色的牛,从杂色的牛引申为杂色的物体和世界万物。"物"在古代有种特殊的用法,专指人,或者众人,比如我们很熟悉的"待人接物"一词,"待人"指对待其他人,"接物"指和其他人交接,这两个都表示和其他人相处的意思。

● 汉字的演变过程

| 甲骨文 | 篆书 | 隶书 |

● 汉字与成语典故

暴殄天物 暴:残害。殄:灭绝。天物:自然界的生物。不按照礼制打猎,滥加捕杀。后泛指不爱惜财物,任意损害、糟踏。成语出自《尚书·武成》:"今商王受无道,暴殄天物,害虐烝民。"

羊

　　"羊"是一种常见的家畜，它的字形和"牛"的造字方法是一样的，甲骨文写作🐑，是一个简洁的羊头形象，特别突出了两边弯曲的羊角。"羊"是古人常吃的肉类食物，也是祭祀时经常使用的动物，所以人们对"羊"非常喜爱，用"羊"所造的字多和"羊"这种动物或者美、善、吉祥等意义有关。

xiáng

笔画 10画
部首 礻
结构 左右

"祥"字，左边的"礻"表示和祭祀有关，右边的"羊"表示读音，"祥"的本义是神显示出来的吉凶的预兆。古代"祥"可以表示吉兆，也可以表示凶兆，后来用"祥"专门表示吉兆，又引申为和善、友善。

● 汉字的演变过程

篆书　　隶书

● 汉字与成语典故

遇难成祥　难：灾难。祥：吉祥。碰到灾患而能化为吉祥。《三侠五义》第六十九回："员外以后总要涵容，遇事存在心里，管保遇难成祥，转祸为福。"

自然篇　11

měi

笔画　9画
部首　大
结构　上下

"美"字的字形下面是一个人的形象，上面是戴在头上的羊角。原始社会时，人们对自然、动物都非常崇拜，经常模仿动物，认为这是一种美的象征。"美"的本义是相貌美丽，又引申为味道好吃、善良等意义。

● 汉字的演变过程

甲骨文	金文	篆书	隶书

● 汉字与成语典故

成人之美　成：成全。美：指好事。成全别人的好事或帮助别人达到目的。成语出自《论语·颜渊》："子曰：'君子成人之美，不成人之恶。小人反是。'"

gāo

笔画 10画
部首 灬
结构 上下

"羔"字的下面是"火","火"上面是一只羊,表示能够烤了吃的小羊,"羔"的意思是小羊。

● 汉字的演变过程

| 甲骨文 | 金文 | 篆书 | 隶书 |

● 汉字与成语典故

羔羊之义 旧时指为人或为官清白,有节操。成语选自《后汉书·王涣传》:"故洛阳令王涣,秉清修之节,蹈羔羊之义。"

犬

　　"犬"甲骨文写作𤜣，金文写作𤞣，是一只狗的形象，在字形里强调了两个特征，一是腹部很瘦，二是尾巴翘起。狗是和人类关系最为密切的家畜，所以有很多动物的名字都是用"犬"造出来的。"犬"作偏旁的时候一般写作"犭"，用"犬"造的字多和动物、打猎等意义有关。

fú

笔画 6画
部首 亻
结构 左右

"伏"字的字形，左边是一个人，右边是"犬"，表示狗趴在暗处伺机袭击人。"伏"的本义是向下趴着，引申为躲起来、隐藏。

● 汉字的演变过程

| 金文 | 篆书 | 隶书 |

● 汉字与成语典故

祸兮福所倚，福兮祸所伏 兮：语气助词。倚：凭靠。伏：潜藏，隐藏。指福伴随着祸，祸又隐藏着福。现常用以说明矛盾的双方在一定的条件下可以相互转化。《老子·五十八章》："祸兮福所倚，福兮祸所伏。"

自然篇　15

huò

获

笔画　10画
部首　艹
结构　上下

　　"获"字最初的字形上面是猫头鹰的形象，下面是一只手，表示用手抓着猫头鹰，本义是捕获。后来为了强调捕获的是动物，加上"犬"字旁，写成字形"獲"。古代表示收获庄稼的字形"穫"，在最早"获"字的基础上加上"禾"字，表示和庄稼有关。现在"獲""穫"这两个字都简化成了"获"字。

● 汉字的演变过程

金文　　　　篆书

● 汉字与成语典故

如获至宝　获：得到。至：最。好像获得了最珍奇的宝物。形容对所得到的东西非常珍视。宋代李光《与胡邦衡书》："忽蜀僧行密至，袖出'寂照庵'三字，如获至宝。"

gǒu

笔画 8画
部首 犭
结构 左右

"狗"字的字形左边是"犭",右边是"句",有弯曲的意思,这里表示小狗的身体是弯曲的。"狗"最初指的是小狗,后来才指所有的狗。古代的"狗"和"羔"声音相近,所以小羊是羔,小狗是犬,都指幼小的动物,这种现象叫字的同源,即造字的源头相同。

● 汉字的演变过程

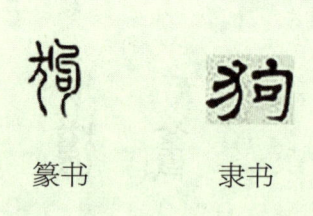

篆书　　隶书

● 汉字与成语典故

狗急跳墙　比喻走投无路时不顾后果地冒险。《敦煌变文集·燕子赋》:"人急烧香,狗急蓦墙。"

自然篇

zhuàng

状

笔画 7画
部首 丬
结构 左右

"状"字的繁体字形为"狀",右边是"犬",左边的"丬"表示读音。"状"的本义是狗的形状,引申为所有的形状和情况。

● 汉字的演变过程

篆书　　隶书

● 汉字与成语典故

不可名状　名:说出。状:描绘。不能用语言来形容。东晋葛洪《神仙传·王远》:"衣有文采,又非锦绮,光彩耀目,不可名状。"

豕

“豕”是一头猪的形象，这个字甲骨文写作，字形形象和“犬”字类似，区别是身体稍微短胖一些，尾巴向下垂；篆书写作，依然保留了最主要的特征，前面是张开嘴巴的头，后面有尾巴，下面是简化的两条腿。“豕”的本义是猪，所造的字一般和猪有关。

zhú 逐

笔画 10画
部首 辶
结构 半包围

"逐"字上面是"豕",是一头猪的形象,下面是一只脚,后来变成"辶",表示走路的意思。"逐"的本义是追赶。

● 汉字的演变过程

| 甲骨文 | 金文 | 篆书 |

● 汉字与成语典故

逐字逐句 指阅读或讲解时一字一句地。宋代陈淳《答陈伯澡》一:"大抵读书之法,先须逐字逐句晓其文义,然后通全章会其旨归。"

tún

笔画 11画
部首 豕
结构 左右

"豚"字左边的"月"表示祭祀用的肉，右边的"豕"是猪。"豚"的本义是小猪，后来表示所有的猪。

● 汉字的演变过程

| 甲骨文 | 金文 | 篆书 |

● 汉字与成语典故

戴鸡佩豚 戴雄鸡形的帽子，佩野猪形的饰物。雄鸡野猪皆好斗，古代用这两种形状的饰物表示好勇。《史记·仲尼弟子列传》："子路性鄙，好勇力，志伉直，冠雄鸡，佩豭豚。"

háo

笔画 14画
部首 亠
结构 上下

"豪"字上面部分是"高"的省略写法，表示读音，下面的"豕"是一头猪的形象。"豪"的本义是豪猪，假借义表示具有杰出才能的人，如"英雄豪杰"。

● 汉字的演变过程

| 金文 | 篆书 | 隶书 |

● 汉字与成语典故

豪放不羁 豪放：豪气爽直。羁：本义为马笼头，引申为羁绊、束缚。形容性情豪迈，不受约束。宋代曾敏行《独醒杂志》卷二："文捷豪放不羁，冀公素奇之。"《二刻拍案惊奇》卷二十七："如此豪放不羁，真豪杰也。"

虎

"虎"甲骨文字形是🐅，是一只张牙舞爪的老虎的形象，前面是张开的大腿，身上有一条条斑纹。后来字形发生变化，很难看出老虎的形象。"虎"的本义是老虎，在做偏旁组字时经常略写，写作"虍"。用"虎"所造的字并不多，一般和老虎有关。

自然篇 | 23

háo/hào

笔画 5画
部首 口
结构 上下

"号"的繁体字形为"號",它的本义是老虎叫。简化字"号"字上面的"口"表示张开嘴叫,下面的"丂"表示读音,它的本义是大声哭叫。

● 汉字的演变过程

篆书　　隶书

● 汉字与成语典故

号令天下 号令:军令,命令。成语意指指挥天下诸侯或军队。《管子·轻重丁》:"夫天子则封于太山,禅于梁父,号令天下诸侯曰……"

nüè

笔画 9画
部首 虍
结构 半包围

"虐"字最初的字形上面是老虎，下面是爪子，表示老虎用爪子攻击人，后来只留下爪子的形象。"虐"的本义是残害。

● 汉字的演变过程

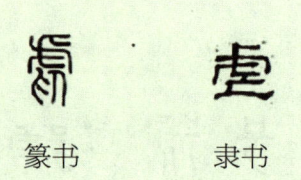

篆书　　隶书

● 汉字与成语典故

助纣为虐　纣：商朝最后一个君主，历史上有名的暴君。虐：残暴。帮助坏人干坏事。也作"助桀为虐"。《史记·留侯世家》："夫秦为无道，故沛公得至此。夫为天下除残贼，宜缟素为资。今始入秦，即安其乐，此所谓助桀为虐。"

彪 biāo

笔画 11画
部首 彡
结构 左右

"彪"字的字形是在老虎的身上画了三撇，表示老虎身上的花纹。"彪"的本义是老虎身上的花纹，后来引申为有文采。

● 汉字的演变过程

金文　篆书

● 汉字与成语典故

彪炳千古　彪炳：照耀。千古：长远年代。形容不凡的业绩光耀千秋万代。清代雷铉《读书偶记》卷二："若汉之诸葛亮，唐之宋璟……性命之原未能洞彻，而风节事业彪炳千古，为一代大人物者，何哉？以其笃于忠孝故也。"

鹿

　　"鹿"的甲骨文字形写作 ![],是一头鹿的形象,上面是鹿角,下面的四条腿分开站立,后来字形渐渐演变成了楷书,下面还有一点腿的形象,上面的脚已经完全看不出来了。用"鹿"所造的字大多和鹿科动物有关。

自然篇 27

qí

麒

笔画 19画
部首 鹿
结构 左右

"麒"指麒麟，是古代传说中的一种吉祥的兽，它的样子和鹿非常相似，头上有角，身上有鳞甲。麒麟是根据鹿的样子想象出来的一种动物，所以"麒""麟"字形里都带着"鹿"。麒麟象征着祥瑞。

● 汉字的演变过程

麒　　麒
篆书　　隶书

● 汉字与成语典故

天上麒麟　称赞他人之子有文才。《南史·徐陵传》："（徐陵）年数岁，家人携以候沙门释宝志，宝志摩其顶曰：'天上石麒麟也。'"

庆

qìng

- 笔画 6画
- 部首 广
- 结构 半包围

"庆"的繁体字形写作"慶",上面是"鹿",下面是"心",表示祝贺的心意,表示拿着鹿皮到别人家里祝贺,古代鹿皮是一种非常珍贵的礼物。"庆"的本义是祝贺、庆贺。

● 汉字的演变过程

| 甲骨文 | 金文 | 篆书 | 隶书 |

● 汉字与成语典故

弹冠相庆 弹冠:掸去帽子上的尘土,准备做官。后来用这个词指一人当了官或升了官,他的同伙也互相庆贺将有官可做。北宋苏洵《管仲论》:"一日无仲,则三子者可以弹冠相庆矣。"

自然篇 29

chén 尘

笔画　6画
部首　土
结构　上下

"尘"字的繁体字字形"塵",上面是"鹿",下面是"土",表示鹿跑起来时地上扬起来的尘土。"尘"的本义是灰尘,这是一个会意字。

● 汉字的演变过程

篆书　　隶书

● 汉字与成语典故

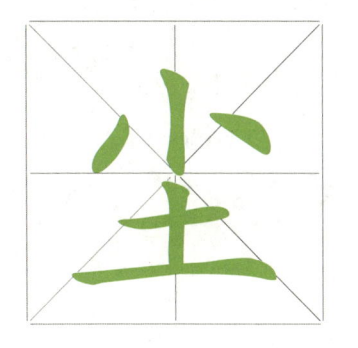

望尘莫及　及:赶上。原指望着前面人马行进中扬起的尘土而追不上。形容远远落后。也用作对人敬佩的自谦之辞。成语出自《庄子·田子方》:"夫子奔逸绝尘,而回瞠若乎后矣。"

龙

　　"龙"是想象出来的动物，传说"龙"善于变化，能够兴云布雨。"龙"甲骨文字形是&，字形非常简洁，张着大嘴身体盘曲，后来字形变化，张着的大口被误当成了"月"字，但是左上面还有一点像龙的头，右面这一部分像龙的身体，简化字只取草书的一部分。用"龙"的含义所造的汉字很少，用"龙"做声旁的汉字有很多。

自然篇

lǒng

笔画 8画
部首 土
结构 上下

"垄"是形声字，上面的"龙"表示读音，下面的"土"表示高大的土堆。"垄"的本义是田地分界处高起的埂子，由这个意思引申指农作物的行（háng），或行与行间的空地。

● 汉字的演变过程

篆书

● 汉字与成语典故

垄亩之臣 垄亩：田间。在野的臣民。《后汉书·冯衍传》："疏远垄亩之臣，无望高阙之下。"

chǒng

笔画 8画
部首 宀
结构 上下

"宠"是形声字,"龙"表示读音。"宠"的本义是崇高的位置,引申为喜爱、过分的爱。

● 汉字的演变过程

金文　　篆书　　隶书

● 汉字与成语典故

哗众取宠　哗:喧哗。宠:宠爱。指用浮夸的言辞或行动去迎合群众,以取得众人的宠爱或拥护。成语出自《汉书·艺文志》:"然惑者既失精微,而辟者又随时抑扬,违离道本,苟以哗众取宠。"

自然篇

lóng/lǒng

笔画　11画
部首　⺮
结构　上下

"笼"是形声字，上面的"⺮"表示竹筐，下面的"龙"表示读音，这个字的本义是中间有空隙的容器。

● 汉字的演变过程

篆书　　　隶书

● 汉字与成语典故

笼中之鸟　关在鸟笼中的鸟。多比喻失去自由的人。成语出自《鹖冠子·世兵》："一目之罗，不可以得雀；笼中之鸟空窥不出。"

鱼

　　"鱼"甲骨文写作🐟，金文是🐟，字形是一条完整的鱼，有嘴、有鳍、有鳞，繁体字写法为"魚"，下面的尾巴写成四个点儿，简化字下面变成一横。用"鱼"所造的字大多和鱼类、捕鱼有关。

yú

笔画 11 画
部首 氵
结构 左右

"渔"字的字形左边是"氵",右边是"鱼",表示从水里捕鱼。"渔"的本义是打鱼、捕鱼。

● 汉字的演变过程

渔
隶书

● 汉字与成语典故

竭泽而渔 竭:尽。渔:捕鱼。排干池水来捕鱼。比喻只图眼前利益,不做长远打算。成语出自《吕氏春秋·义赏》:"竭泽而渔,岂不获得?而明年无鱼。焚薮而田,岂不获得?而明年无兽。"

lǔ

鲁

笔画 12画
部首 鱼
结构 上下

"鲁"字的字形上面是"鱼",下面是盘子之类的容器,本义是鱼的味道鲜美。后来假借作为国名、地名,今天的山东省是古代鲁国的所在地,所以山东简称为"鲁"。

● 汉字的演变过程

甲骨文	金文	篆书	隶书

● 汉字与成语典故

登山小鲁　小:以为小。鲁:周朝国名,在今山东境内。原意指孔子登到东山顶,四下环视觉得鲁国变小了。比喻身居高处则视野广阔,眼光远大。成语出自《孟子·尽心上》:"孔子登东山而小鲁,登泰山而小天下。"

自然篇

鲜

xiān/xiǎn

笔画　14画
部首　鱼
结构　左右

"鲜"是形声字，左边的"鱼"表示跟鱼有关，右边的"羊"是"羴"的省略写法，"羴"既表示读音，又表示羊的味道。"鲜"的本义是活鱼，古代买活鱼吃的人少，所以引申为少。

● 汉字的演变过程

| 金文 | 篆书 | 隶书 |

● 汉字与成语典故

屡见不鲜　鲜：新鲜。指多次看见就不觉得新奇。《史记·郦生陆贾列传》："一岁中往来过他客，率不过再三过，数见不鲜，无久慁公为也。"

它

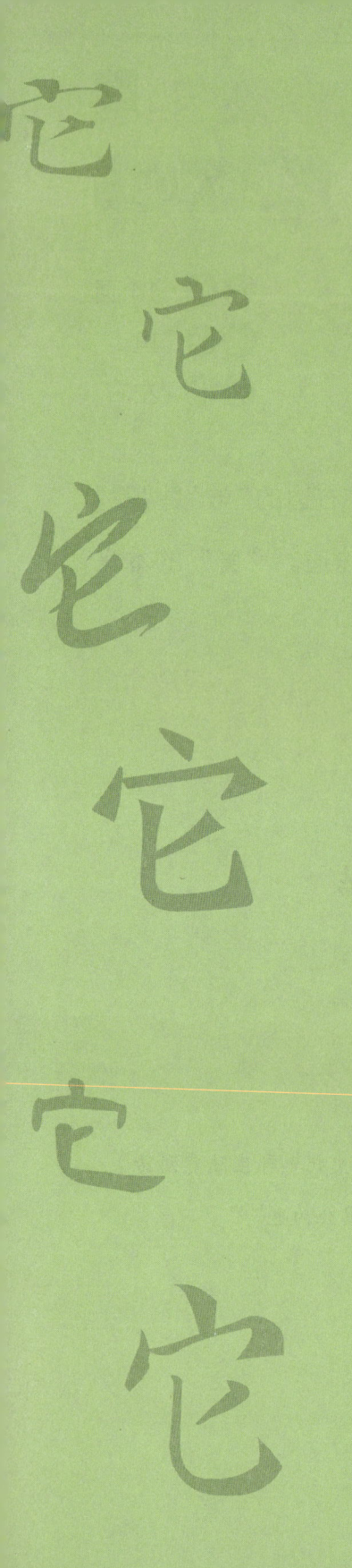

　　"它"是一条蛇的形象，甲骨文写作⟨图⟩，古时候读作 tuō。"它"的本义是蛇，后来假借作为代词来使用，在做偏旁的时候经常写作"也""钅"。用"它"所造的字和蛇或者弯曲、前进等意义有关。

自然篇

shé/yí

蛇

笔画　11画
部首　虫
结构　左右

"蛇"字最初表示蛇，本义是一种身体圆而细长、有鳞无爪的爬行动物，俗名叫长虫。

● 汉字的演变过程

| 甲骨文 | 篆书 | 隶书 |

● 汉字与成语典故

杯弓蛇影　弓：弓箭。杯：杯子，酒杯。比喻因疑虑恐惧而自相惊忧。《太平御览》卷二三引汉代应劭《风俗通》载：有人请客喝酒，挂在墙上的弓映在酒杯里，形似蛇，客人饮酒后疑心中了蛇毒，回去就病了。

他 tā

笔画 5画
部首 亻
结构 左右

"他"字的字形左边是"人",右边本来是"它",后来改成"也",表示除了自己和对方之外的第三人,古代使用"他"字时不分男女,后给女性专门造了新字"她"。

● 汉字的演变过程

篆书　隶书

● 汉字与成语典故

他山之石　他山:另外的山。指别的山上的石头,可用来磨治玉器。比喻能够帮助自己弥补缺失或提高水平的外力。成语出自《诗经·小雅·鹤鸣》:"它山之石,可以攻玉。"它,后多写作"他"。

自然篇

shī

笔画　9画
部首　方
结构　左右

"施"字的字形上面是旗子,下面是"也"——蛇的形象,表示旗子像蛇游动一样在飘动。"施"的本义是旗子飘动的样子,引申为蔓延、铺开,又引申为实现、实行。

● 汉字的演变过程

篆书　　隶书

● 汉字与成语典故

因材施教　因:根据。材:人的素质。施:实行,采取。针对受教育者在天资、志趣等方面的具体情况采取不同的教育方法。成语出自《论语·雍也》:"中人以上,可以语上也;中人以下,不可以语上也。"宋代朱熹集注引张敬夫曰:"圣人之道,精粗虽无二致,但其施教,则必因其材而笃焉。"

yí/yǐ

笔画 8画
部首 辶
结构 半包围

"迤"字中的"辶"表示和走路有关,右边的部分原来写成"也",后来变成"包",表示像蛇一样曲折前行。"迤"的本义是斜行。

● 汉字的演变过程

篆书　　隶书

● 汉字与成语典故

逶迤退食　从容谦退,公正廉洁。成语出自《诗经·召南·羔羊》:"退食自公,委蛇委蛇。"

黾

　　"黾"读作 měng，是表示青蛙形象的基本字源，甲骨文的字形是 ，像画了一只青蛙的形象，大肚子，四条腿，头部有一点尖，简化字形看起来也是比较象形的。用"黾"所造的字并不太多，多和蛙类动物有关系。

wā

笔画 12画
部首 虫
结构 左右

"蛙",异体字写作"鼃",这个字上面的"圭"表示读音,下面的"黽"是青蛙的意思。这个字形写起来比较麻烦,所以一般不用,用"虫"来代替"黽",就成了今天的"蛙"字。

● 汉字的演变过程

篆书

● 汉字与成语典故

井底之蛙 井底下的青蛙只能看到井口那么大的一块天。比喻眼界狭窄、见识浅陋的人。成语出自《庄子·秋水》:"井蛙不可以语于海者,拘于虚也。"

自然篇

yíng

蝇

笔画 14画
部首 虫
结构 左右

青蛙的身体有一个主要的特征就是肚子比较大，苍蝇在这点上跟它很像，所以"蝇"就用"黾"造了出来。

● 汉字的演变过程

篆书　　隶书

● 汉字与成语典故

蝇营狗苟　像苍蝇那样飞来飞去，像狗一样苟且偷生，形容人为追求名利不顾廉耻，到处钻营。唐代韩愈《送穷文》："朝悔其行，暮已复然，蝇营狗苟，驱去复还。"

贝

"贝",甲骨文写作 ,是一个贝壳的形象,金文字形为 ,就像是一个张开的贝壳,后来字形渐渐发生了变化,到了篆书的时候已经不太象形了。"贝"的本义是水中有介壳的动物的总称。在上古时代,"贝"曾经作为钱币来使用,所以"贝"造出来的字大多和钱财有关。在字形变化过程中,"鼎"后来也写成了"贝",在探求汉字本义的过程当中应该把"鼎"和"贝"区分开来。

自然篇　47

zé

笔画　8画
部首　贝
结构　上下

　　"责"这个字下面是"贝"，表示钱财，上面本来是尖刺的形象，表示用尖刺来获取。"责"的本义是索取求取，引申为要求。从索取的意思又引申为债务、欠款，在字形变化发展过程中，"责"加了"亻"写成"债"，"责"就不再表示债务的意思了。

● 汉字的演变过程

| 甲骨文 | 金文 | 篆书 | 隶书 |

● 汉字与成语典故

责无旁贷　责：责任。贷：借出，推卸。自己应负的责任，不能推卸给别人。清代林则徐《覆奏稽查防范回空粮船折》："其漕船经过地方，各督抚亦属责无旁贷，着不分畛域，一体通饬所属，于漕船回空，加意稽查。"

fù

笔画　6画
部首　贝
结构　上下

"负"的字形上面是一个人，下面是"贝"，表示一个人有很多钱，有了钱就有了依靠，所以"负"的本义是依靠、依仗，引申为担当和遭受，如"负责"。后来又引申为失败，如"胜负"。

● 汉字的演变过程

篆书　　隶书

● 汉字与成语典故

负隅顽抗　负：依仗，凭借。隅：险要的山角。指守住一角或险要地势顽固抵抗，拒不投降。成语出自《孟子·尽心下》："有众逐虎。虎负嵎，莫之敢撄。"

自然篇　49

huò 货

笔画　8画
部首　贝
结构　上下

"货"字下面的"贝"表示值钱的东西，上面的"化"表示读音。"货"的本义是财务，引申为商品货物，后来专门用"货"来表示钱，货币就是钱的统称。

● 汉字的演变过程

篆书　　隶书

● 汉字与成语典故

奇货可居　奇货：珍奇的货物。居：指积存。指把市面上缺少的货物囤积起来，等待高价出售。比喻把有某种价值的人或物作为资本，借以谋取私利。成语出自《史记·吕不韦列传》："子楚……居处困，不得意。吕不韦贾邯郸，见而怜之曰：'此奇货可居。'"

pín

笔画 8画
部首 贝
结构 上下

"贫"字下面的"贝"表示钱财，上面的"分"表示钱财被分开了，分开之后就会导致财务减少和贫穷，所以"贫"的本义是缺乏钱财。"贫"和"穷"这两个字本来表示不同的含义，"贫"表示没有钱，"穷"表示不得志、事业不顺利，后来才用"穷"来表示没有钱。

● 汉字的演变过程

篆书　　隶书

● 汉字与成语典故

安贫乐道　道：道理，学说。安于贫困生活，以学习和奉行圣人之道为乐。成语出自《后汉书·韦彪传》："安贫乐道，恬于进趣，三辅诸儒莫不慕仰之。"

辰

　　"辰"字甲骨文写作🐚，像长着坚硬的贝壳的大蛤蜊，古代常用这种蛤蜊的壳来制作除草的农具。"辰"的本义是贝壳制造的农具，假借作为日月星辰的总称。古代的时间是根据日月星辰的运作来划分的，所以"辰"又引申为时光的意思，像"生辰八字""吉日良辰"，这里面的"辰"都是时光的意思。

rǔ

笔画 10画
部首 辰
结构 上下

"辱"字的甲骨文字形下面是手，中间是贝壳做的镰刀，上面是草，整个字形是一个手拿着贝壳制的镰刀去割草的形象，后来省去了上面草的形象，就剩下了手和贝壳做的镰刀。"辱"的本义是用蚌镰来锄草，它的本义后来一般不用，只用羞耻、耻辱这个假借义。

● 汉字的演变过程

| 甲骨文 | 篆书 | 隶书 |

● 汉字与成语典故

宠辱不惊 宠：宠信。得到宠信或受到屈辱都不动心。形容把荣辱得失置之度外。成语出自西晋潘岳《在怀县》诗："宠辱易不惊，恋本难为思。"

自然篇 53

chén

笔画　11画
部首　曰
结构　上下

"晨"最早的字形是两个手拿着贝壳做的镰刀的形象，表示手拿着镰刀去田里进行农业劳动。古人是日出而作，日落而息，所以用干农活的时间来表示早上，后来字形发生了变化，上面两只手的形象合在一起变成了"曰"，就成了我们今天所看到的字形。

● 汉字的演变过程

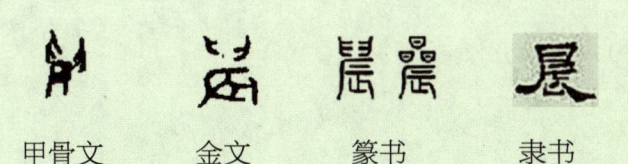

甲骨文	金文	篆书	隶书

● 汉字与成语典故

晨钟暮鼓　佛寺中日出时撞钟，日落时击鼓，以报时间。或比喻使人警悟的话语。北宋欧阳修《庐山高》诗："但见丹霞翠壁远近映楼阁，晨钟暮鼓杳霭罗幡幢。"

nóng

笔画 6画
部首 亠
结构 独体

"农"的繁体字是"農",这个字形原本上面是"林",下面是"辰",表示拿着镰刀去野外工作,后来上面又改成了"田",再加上两只手,表示两手拿着镰刀去田野进行农业耕作。它的字形一步一步发生了变化,最后上面部分变成了"曲"字,造字的意思就看不出来了,但是下面还有"辰",表示和镰刀有关,到了简化字,造字的意思就完全看不出了。

● 汉字的演变过程

| 甲骨文 | 金文 | 篆书 | 隶书 |

● 汉字与成语典故

谷贱伤农 谷:粮食。指粮价过低,使农民受到损害。成语出自东汉班固《汉书·食货志上》:"籴甚贵,伤民;甚贱,伤农。民伤则离散,农伤则国贫。"

自然篇　55

zhèn

笔画　10 画
部首　扌
结构　左右

　　"振"是形声字，"辰"是声旁，这个字的源头是震动，加上左边的提手旁，表示举起、抖动的意思，后来又引申为奋起、奋发。

● 汉字的演变过程

篆书　　　隶书

● 汉字与成语典故

振臂一呼　振：摇动。挥动手臂发出号召。汉代李陵《答苏武书》："振臂一呼，创病皆起。"

鸟

"鸟"的字形在甲骨文里就是画了一只"鸟"的形象,繁体字形是"鳥",下面的爪子变成了四个点儿,简化字则改成了一横,字形依然很像鸟的形状。用"鸟"所造的字大多和鸟类有关,很多常见的鸟的名字是由"鸟"字造出来的,像"鸽""鹦鹉""鹰",还有"鸡""鸭""鹅"等家禽。

自然篇 57

jī

笔画 7画
部首 鸟
结构 左右

"鸡"字繁体字写作"鷄",左边的"奚"表示读音,简化字觉得"奚"写起来麻烦,直接用"又"来代替。"鸡"的本义是一种家禽,"鸡"的读音和鸡的叫声很像。另外,"鸭""鹅"左边的"甲"和"我"都表示声音,它们的读音和这两种家禽的叫声也有一点类似。

● 汉字的演变过程

甲骨文	金文	篆书	隶书

● 汉字与成语典故

鸡鸣狗盗 学鸡啼鸣,学狗偷窃。指有卑微技能者,也用来形容行为低下卑劣。成语出自《史记·孟尝君列传》:齐国孟尝君出使秦国,被昭王扣留,孟一食客装狗钻入秦宫,偷出狐白裘献给昭王妾,以说情放孟。孟逃至函谷关时,昭王又令追捕。另一食客装鸡叫,引众鸡齐鸣,骗开城门,孟得以逃回齐。

míng

笔画 8画
部首 鸟
结构 左右

"鸣"是会意字，表示鸟类张口叫出声音。"鸣"的本义就是鸟类的叫声。

● 汉字的演变过程

篆书　　隶书

● 汉字与成语典故

孤掌难鸣 鸣：发出声响。一个巴掌拍不响。比喻势单力薄，难以成事。成语出自《韩非子·功名》："人主之患在莫之应，故曰：一手独拍，虽疾无声。"

自然篇

dǎo

笔画 7 画
部首 山
结构 半包围

　　"岛"这个字上面是"鸟",下面是"山",表示水里有山,可以让鸟儿得到休息。"岛"的本义指海洋或湖泊里四面被水围住的陆地。因为鸟类在水面飞行时,想要休息必须要找到一个水里的小岛,所以用鸟在山上的形象造出了"岛"字。

● 汉字的演变过程

篆书

● 汉字与成语典故

岛瘦郊寒　岛、郊:唐代诗人贾岛和孟郊。贾岛、孟郊的诗中多凄苦哀婉之词,故以此指他们的诗歌和风格。也用来形容与贾、孟相类似诗文的风格。宋代朱熹《次韵谢刘仲行惠笋》:"君诗高处古无师,岛瘦郊寒讵足差。"

wū/wù

笔画　4画
部首　丿
结构　独体

乌鸦全身都是黑色的，眼睛也是黑色的，看起来像没有眼睛一样，所以用一只没有眼睛的鸟来表示乌鸦，简化字保留了这个特点。因为乌鸦身上的颜色全都是黑色，所以又用"乌"来表示黑色。

● 汉字的演变过程

| 金文 | 篆书 | 隶书 |

● 汉字与成语典故

爱屋及乌　因为爱那个人而连带喜欢停留在他屋顶上的乌鸦。比喻爱一个人而连带喜欢与他有关系的人或物。成语出自《尚书大传》卷三："爱人者，兼及屋上之乌。"

隹

"隹"是和鸟非常类似的基本字源,"隹"的字形也是画了一只鸟的形象。做偏旁时,它和鸟表示的意思是完全一样的,也表示鸟类。有些字形古代有两种写法,可以写成"鸟",也可以写成"隹"。比如,"鸡"字在古代可以写成"鷄",也可以写成"雞"。"隹"在字形里经常用作声旁,这些字的数量有不少,比如"推""锥",所以字形里带"隹"的字不一定都表示鸟。

jí

笔画 12画
部首 隹
结构 上下

"集"字的字形是画了一只鸟在树上的形象，表示鸟儿栖息、停在树上。一般在一棵大树上会有很多鸟停在上面，所以"集"表示停留和聚集两个意思。

● 汉字的演变过程

| 甲骨文 | 篆书 | 隶书 |

● 汉字与成语典故

集腋成裘 腋：腋下，此处指狐狸腋下的皮毛。裘：皮衣。狐狸腋下的毛很少，聚集多了也可缝成皮衣。比喻积少成多，集小成大。成语出自《慎子·知忠》："故廊庙之材，盖非一木之枝也；粹白之裘，盖非一狐之皮也。"

自然篇 63

zhī/zhǐ

只

笔画 5画
部首 口
结构 上下

"只"字繁体字写作"隻",像是用手抓住一只鸟的形象,本义是一个、一只,简化字把它和表示语气的"只"合并。"只"是上面一个"口",下面加上两个符号,表示说完话口中的气体向外散出的形象。这两个字读音不同,"隻"读作 zhī,"只"读作 zhǐ,在古代,它们的意思也是不相同的,简化字里把它们全部都合并到了"只"这个字里。

● 汉字的演变过程

| 甲骨文 | 金文 | 篆书 | 隶书 |

● 汉字与成语典故

形单影只 形体和身影各一个。形容孤独一人,没有同伴。唐代韩愈《祭十二郎文》:"吾上有三兄,皆不幸早世。承先人后者,在孙惟汝,在子惟吾,两世一身,形单影只。"

双 shuāng

笔画 4画
部首 又
结构 左右

"双"的繁体字形是"雙",是一只手抓住两只鸟的形象,本义是两个、两只,简化字变成了两个"又","又"指手,用两只手的形象来表示两个。

● 汉字的演变过程

雙（篆书） 雙（隶书）

● 汉字与成语典故

一箭双雕 原指射箭技术高超,一箭射中两只雕。后比喻做一件事达到两个目的。成语出自《北史·长孙晟传》:"尝有二雕飞而争肉,因以箭两只与晟,请射取之。晟驰往,遇雕相攫,遂一发双贯焉。"

自然篇　65

duó

笔画　6画
部首　大
结构　上下

"夺"最初的字形，下面是一只手，还有鸟在挣扎奋飞的样子，表示鸟从手里面挣脱着飞出去，本义是失去，引申为让人失去、强取。这个字形后来写成了"奪"，基本造字的含义还是能够看出，简化字去掉了中间的"隹"，只保留了"大"和下面的"寸"。

● 汉字的演变过程

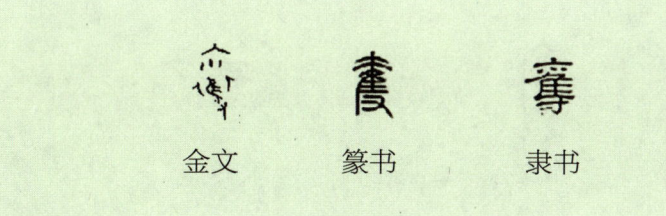

| 金文 | 篆书 | 隶书 |

● 汉字与成语典故

巧夺天工　天工：自然所造成的。精巧的程度胜过天然所成。形容制作技艺高超绝妙。这个成语出自北宋袁褧《枫窗小牍》："晶莹成型，巧绝天工。"元代赵孟頫《赠放烟火者》诗："人间巧艺夺天工，炼药燃灯清昼同。"

fèn

笔画 8画
部首 大
结构 上下

"奋"字的繁体字是"奮",表示鸟儿从田间飞起的意思,本义是鸟儿飞翔,形容鸟儿努力地向上飞叫做"奋飞",这里的"奋"就是用了原意。从鸟努力的向上飞,引申为振作、努力去做,如"奋斗"。

● 汉字的演变过程

金文　　篆书　　隶书

● 汉字与成语典故

奋不顾身　奋勇前进,不顾惜自己的生命。汉代司马迁《报任安书》:"常思奋不顾身,以殉国家之急。"

羽

有一些字源是用动物身上的组成部分造出的汉字,"羽"便是这样的字。"羽"甲骨文写作󰀀,就像是鸟的两根长毛的形象,它的本义就是鸟的羽毛,又指鸟的翅膀,所造的汉字大多和羽毛、鸟类、飞翔等意义有关。

xiáng

笔画 12画
部首 羊
结构 左右

"翔"是一个形声字,"羽"表示和飞有关,"羊"表示读音,它的本义就是盘旋着飞。滑翔、翱翔都是这种盘旋飞翔的动作。

● 汉字的演变过程

篆书　　隶书

● 汉字与成语典故

高翔远引　翔:盘旋地飞。引:离去。指摆脱不利的环境,躲避到远处去。孔融《与曹操论盛孝章书》:"向使郭隗倒悬而王不解,临溺而王不拯,则士亦将高翔远引,莫有北首燕路者矣。"

自然篇 69

习

xí

笔画 3画
部首 乛
结构 独体

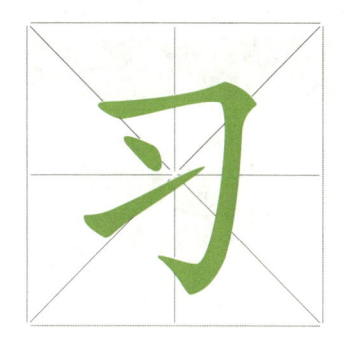

"习"字的甲骨文字形上面是"羽",代表翅膀,下面的"日"代表太阳,太阳出来之后鸟儿就开始飞翔,这里是说幼鸟在练习飞翔的情况。"习"的本义是鸟儿反复地练习飞翔,引申为练习的意思,练得多了自然就会更加熟悉,所以又引申为熟悉和习惯的意思。

● 汉字的演变过程

| 甲骨文 | 篆书 | 隶书 |

● 汉字与成语典故

习以为常 常常如此,成了习惯,就当做理应如此的事了。成语出自《逸周书·一常训解》:"民生而有习有常,以习为常。"

fān

- 笔画　18画
- 部首　羽
- 结构　左右

"翻",也是一个形声字,左边的"番"表示读音,右边的"羽"表示和飞翔有关。"翻"的本义是鸟儿飞翔,引申为翻动、翻转等意义。

● 汉字的演变过程

篆书　　隶书

● 汉字与成语典故

翻云覆雨　手向上翻是云,手向下翻是雨。比喻反复无常或惯于耍手段,玩弄权术。唐代杜甫《贫交行》:"翻手作云覆手雨,纷纷轻薄何须数。"

自然篇

wēng

笔画 10画
部首 八
结构 上下

"翁"字上面的"公"表示读音,下面是"羽",表示和羽毛有关。"翁"字的本义是鸟的颈部一圈非常浓密的颈毛,但是这个意义基本不用,后来一般用它来指父亲或者男性的老人,比如"老翁""渔翁",这是一个假借义,反而比它的本义更加常用。

● 汉字的演变过程

篆书　　篆书

● 汉字与成语典故

塞翁失马 古代边塞上有一个老翁丢失了一匹马,后来这匹马带了一匹好马回来。比喻坏事不一定坏,有时反而变为好事。常与"焉(安)知非福"连用。成语出自《淮南子·人间训》:"近塞上之人,有善术者,马无故亡而入胡,人皆吊之。其父曰:'此何遽不为福乎?'居数月,其马将胡骏马而归,人皆贺之。"

角

　　"角"甲骨文写作⚆，是画了一只牛角的形象，中间有角的纹路，"角"的本义就是兽角。用"角"所造的字多和兽角有关，比如，"解""觓""觞"等字。

自然篇 73

jiě/jiè/xiè

笔画 13画
部首 角
结构 左右

　　"解"字的甲骨文字形上面是一双手拿着一个牛角，下面是一头牛，在牛角上还有一些小点儿，象征着血肉和碎屑，后来双手变成了"刀"，像是用刀把牛角从牛的身上取下来。"解"的本义是屠宰、分割牛，引申为分解、分开的意思。"解"字除了读作 jiě，还有两个读音。一是 xiè，主要用于姓。还有一个读 jiè，表示押送犯人或财物。明清两代称乡试考取第一名的人为"解元"。

● 汉字的演变过程

| 甲骨文 | 金文 | 篆书 | 隶书 |

● 汉字与成语典故

　　不求甚解　甚：十分，非常。泛指读书只领会要旨，不过于在字句上花功夫。后指不深入领会，只停留于一知半解。成语出自东晋陶潜《五柳先生传》："好读书，不求甚解，每有会意，便欣然忘食。"

shāng

笔画　12 画
部首　角
结构　左右

"觞"字左边的"角"表示用兽角制成,右边的"昜"表示读音,本义是指盛酒器。在古代,作为动词,有敬酒、饮酒的意思。

● 汉字的演变过程

篆书　　隶书

● 汉字与成语典故

滥觞所出　觞:酒器。滥觞:使酒杯浮起来。原指江河的发源之处水很小,只能浮起酒杯。后用以指事物的起源。也比喻事物所起源的地方。《荀子·子道》:"昔者江出于岷山,其始出也,其源可以滥觞。"

自然篇

héng

笔画　16画
部首　彳
结构　左中右

　　"衡"字金文中外面是"行"，指十字路口，在这里表示行走。中间部分下面是一个人的形象，上面是一只牛角，整个字形合起来是一只牛角在抵人的形象。"衡"的本义就是绑在牛角上防止牛抵人的横木，后来又引申为车辕屋梁上的横木。古代称东西时用一个长长的木棍把东西抬起来，所以"衡"也表示秤的意思，又引申为称量和评定。

● 汉字的演变过程

| 金文 | 篆书 | 隶书 |

● 汉字与成语典故

权衡轻重　权：秤锤。衡：秤杆。衡量轻和重，比较主次得失。成语出自《管子·明法解》："权衡者，所以起轻重之数也……故明法曰：有权衡之称者，不可以欺轻重。"

毛

　　"毛"金文写作𣱵,就像是兽毛的形状,中间部分像毛所在的位置,我们可以把它看作一个大尾巴,四周长满了毛。用"毛"所造的字多和毛发有关。

自然篇

毫

háo

笔画 11画
部首 亠
结构 上下

　　"毫"是一个典型的形声字，上面是"高"的省略写法，表示读音，下面的"毛"表意。"毫"的本义是动物的细毛，后来用作副词，指数量极少，表示一点儿也不、完全不。

● 汉字的演变过程

毫
篆书

● 汉字与成语典故

明察秋毫　秋毫：秋天鸟兽身上新长的细毛。形容极细小的东西。比喻眼光敏锐，任何细小的问题都看得很清楚。成语出自《孟子·梁惠王上》："明足以察秋毫之末，而不见舆薪。"

wěi/yǐ

笔画 7 画
部首 尸
结构 半包围

"尾"字就像一个人在臀部系了一个像尾巴一样的装饰，后来转指动物的尾巴。在字形里"尸"代表人形，这个毛茸茸的大尾巴就写成了"毛"。"尾"的本义是尾巴，后来引申为事物的末端。

● 汉字的演变过程

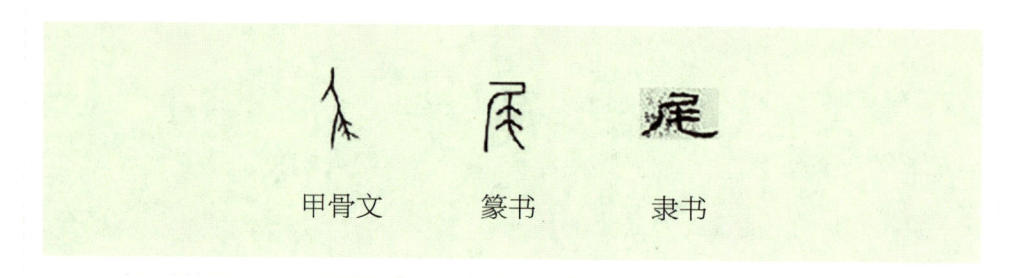

| 甲骨文 | 篆书 | 隶书 |

● 汉字与成语典故

畏首畏尾 前也怕，后也怕。形容前思后想，顾虑重重。《左传·文公十七年》："古人有言曰：'畏首畏尾，身其余几？'"

自然篇

zhān

毡

笔画 9画
部首 毛
结构 半包围

"毡"是形声字，"占"是声旁，表示读音，"毛"为形旁，表示意思。"毡"的本义是加工羊毛或其他动物毛而成的块状、片状材料。

● 汉字的演变过程

篆书

● 汉字与成语典故

如坐针毡 像坐在插着针的毡子上。形容焦急恐慌，坐立不安。成语出自《晋书·杜锡传》："累迁太子中舍人。性亮直忠烈，屡谏愍怀太子，言辞恳切，太子患之。后置针著锡常所坐处毡中，刺之流血。"

艹

草字头是和植物有关的基本字源，"艹"的字形最初就像是画了两棵小草的形象，它的本义是草本植物的总称，即植物里除了树木、庄稼、蔬菜以外，茎秆比较柔软的植物。"艹"做偏旁的时候一般写在字的上面，用"艹"所造的字不一定都是草类，除了树类之外的植物，一般都可以用"艹"造出来，植物的种类千差万别，所以用"艹"所造的字也非常多，它是汉字里非常大的一个部首。

自然篇 | 81

cǎo 草

笔画 9画
部首 艹
结构 上下

　　"草"字的字形上面是"艹",表示和植物有关,下面是"早",表示栎树的果实,后来"早"字被假借表示早晨,便用"草"字来表示栎树果实,"草"的这个含义后来基本上不用,一般用它来表示草类植物。

● 汉字的演变过程

| 篆书 | 隶书 |

● 汉字与成语典故

草菅人命　菅:野生麻草。把人命看得跟野生麻草一样。指随意残害生命。成语出自《大戴礼记·保傅》:"其视杀人若艾草菅然。"明代凌濛初《初刻拍案惊奇》卷十一:"为官做吏的人,千万不要草菅人命,视同儿戏。"

huā

笔画 7 画
部首 艹
结构 上下

"花"字最初就像是画了植物的花朵向下垂的样子，渐渐地字形变成了"華"。"華"的本义是植物的花朵，读 huā，后来引申为美丽、华美，读作 huá。简化字把这两个意义所使用的字形分开，给花朵的意义造了新字"花"。

● 汉字的演变过程

金文　　篆书　　隶书

● 汉字与成语典故

梦笔生花　形容才华横溢，文思敏捷。五代王仁裕《开元天宝遗事·梦笔头生花》："李太白少时，梦所用之笔头上生花。后天才赡逸，名闻天下。"

自然篇

huì

笔画 5画
部首 十
结构 上下

"卉"是会意字，字形是画了三颗小草，本义是百草的总称。词语"花卉"就是花和草的合称。

● 汉字的演变过程

篆书

● 汉字与成语典故

百卉千葩 常比喻事物丰富多彩，景象繁荣兴盛。明代无名氏《紫微宫》第二折："仲冬佳节景堪褒，百卉千葩逞艳妖。"

zàng

笔画　12 画
部首　艹
结构　上中下

"葬"字，"艹"指草丛，这个字的意思是死人埋在了草丛里，表示掩藏、埋葬死人。

● 汉字的演变过程

| 甲骨文 | 金文 | 篆书 | 隶书 |

● 汉字与成语典故

葬身鱼腹　尸体被鱼所吞食。常用来委婉地指溺水而死。楚国屈原《渔父》："宁赴湘流，葬于江鱼之腹中。安能以皓皓之白，而蒙世俗之尘埃乎？"

自然篇 85

苞 bāo

笔画 8画
部首 艹
结构 上下

"苞"字上面是"艹",表意,下面是"包",表音。"苞"的本义是花苞——花或花絮下面像叶一样的小片,因为它把花托在上面像含住花一样,所以就用"苞"来表示把花包住。

● 汉字的演变过程

篆书　　隶书

● 汉字与成语典故

含苞待放　苞:花蕾。待放:将要开放。指花儿即将开放的时候。通常用来形容姑娘的青春年少。巴金《秋》二:"眼前又是深绿的假山,花圃里那些含苞待放的芍药花点缀在繁茂的绿叶中间。"

木

"木"字甲骨文写作￥,是画了一棵树的形象,上面是分开的树杈,底下是树根,今天的字形里仍然能看出树的样子。"木"的本义是树,用"木"所造的字一般和树木有关。

最常见的植物有两大类,一类是草本植物,就是茎是草制的植物,表示它们的字形一般用"艹"来造。还有一类是木本植物,茎是木制的,表示它们的字形就用"木"字旁来造,用"木"所造的汉字有很多,它也是汉字里一个比较大的部首。

自然篇 87

lín

笔画 8画
部首 木
结构 左右

两棵树合在一起，组成"林"字，表示成片的树木。

● 汉字的演变过程

| 甲骨文 | 金文 | 篆书 | 隶书 |

● 汉字与成语典故

枪林弹雨 枪杆像树林，子弹像下雨。形容战斗激烈。清代百一居士《壶天录》卷下："营兵往捕，不知虎穴所在，后乃得知某姓空舍中，相聚燃击，枪林弹雨中，虎乃毙。"

sēn

笔画 12画
部首 木
结构 上下

三棵树合在一起组成"森"字,表示树木高耸密集的样子。

● 汉字的演变过程

甲骨文　　篆书

● 汉字与成语典故

戒备森严 戒备:警戒防备。森严:整齐而严肃。警戒防备得极其严密。清代桂超万《奉答林少穆先生自关外赐和诗二首》之一:"虎门移节驻鸣鸾,戒备森严命众官。"

自然篇 89

běn

笔画 5画
部首 木
结构 独体

"本"是画了一棵树的形象,在下面树根的地方做了一个标记,本义是木、草木的根。"根本"二字合成一个词,其实这两个字的含义是完全一样的。

● 汉字的演变过程

| 金文 | 篆书 | 隶书 |

● 汉字与成语典故

舍本逐末　舍:放弃。本:根本。逐:追求。放弃根本的,而去追求细枝末节。成语出自《吕氏春秋·上农》:"民舍本而事末则不令,不令则不可以守,不可以战。"

mò

笔画 5画
部首 木
结构 独体

"末"也是画了一棵树的形象，在树梢的位置做了一个记号，本义就是树梢。今天我们常说的"末梢"是指事物的末尾、尽头的地方。

● 汉字的演变过程

金文　　篆书　　隶书

● 汉字与成语典故

强弩之末　弩：古代一种以机械射箭的弓。末：指箭飞行中的末程。比喻原来强大已将耗尽的力量。成语出自《史记·韩安国传》："且臣闻之，冲风之衰，不能起毛羽；强弩之末，力不能入鲁缟。"

自然篇　91

zhū

笔画　6画
部首　丿
结构　独体

　　"朱"字的字形也是一棵树，在树的中间做了一个标记，表示这是一棵树的树干。后来，在这个字的基础上加上"木"字，就成了我们今天熟悉的"株"，"株"的本义便是树干。因为很多树的树心都是红色的，所以这个"朱"也可以用来表示红色。

● 汉字的演变过程

甲骨文	金文	篆书	隶书

● 汉字与成语典故

近朱者赤，近墨者黑　朱：朱砂，红色颜料。靠近朱砂容易染成红颜色，靠近墨容易染上黑色。比喻接近好人可使人变好，接近坏人可使人变坏。形容环境对人有很大的影响。这个成语出自东晋傅玄《太子少傅箴》："夫金木无常，方圆应形，亦有隐括，习以性成，故近朱者赤，近墨者黑，声和则响清，身正则影直。"

wèi

笔画 5画
部首 木
结构 独体

"未"字的字形像是一棵上面长满树枝的树的形象,本义是枝叶繁茂,假借为没有的意思。

● 汉字的演变过程

| 甲骨文 | 金文 | 篆书 | 隶书 |

● 汉字与成语典故

方兴未艾 方：正在。兴：兴起。艾：终止，结束。正在兴起还没有终止。形容新生事物的蓬勃发展。宋代周煇《清波杂志·庆寿推恩》："煇既得其说，窃惟主上孝奉三宫，十年一讲盛礼，鸿恩锡类，方兴未艾。"

自然篇

shù

笔画　7画
部首　木
结构　独体

"束"的字形像是一根绳子把木材捆起来，本义是捆绑。捆起来之后就聚集成了一条，引申为捆在一起的东西。用来表示捆在一起的东西的量词也叫"束"，如"一束鲜花"。

● 汉字的演变过程

| 甲骨文 | 金文 | 篆书 | 隶书 |

● 汉字与成语典故

束手就擒　就：靠近。指不做任何反抗地让人来捉自己。《宋史·符彦卿传》："与其束手就擒，曷若死战，然未必死。"

竹

　　"竹"是中国很常见的一种植物，我们中国人喜欢竹，会用竹做成各种各样的器具。"竹"金文写作𝌀，是画了两个竹叶的形象，突出了竹子和其他植物不同的特点。竹的本义是竹子，作为偏旁的时候一般写在上面，写作"⺮"，我们把它叫做竹字头。带"⺮"的字一般和竹子有关，用它造的汉字很多。

自然篇 95

竽

yú

笔画 9画
部首 ⺮
结构 上下

　　"竽"是古代常见的一种吹奏乐器，最早的字形写作"于"，是画了一个竽的形象，篆书中加上符号，来表示乐器的声音非常悠扬。后来"于"字一般用来假借作介词使用，该乐器是用竹子做成的，就加上"⺮"，变成"竽"字。

● 汉字的演变过程

甲骨文　　篆书

● 汉字与成语典故

滥竽充数　滥：不真实的。竽：一种簧管乐器。充：凑合。比喻没有真才实学，冒充有本领，混在行家里充数。有时也用于自谦。成语出自《韩非子·内储说上》："齐宣王使人吹竽，必三百人。南郭处士请为王吹竽，宣王说之，廪食以数百人。宣王死，湣王立，好一一听之，处士逃。"

gě/gè

笔画 3画
部首 人
结构 独体

"个"的字形就像是"竹"字的一半，实际上最初它就是画了一株竹叶，用来表示一棵竹子，从这个意思引申为用于所有物体的计数。"个"字的字形很早就造了出来，但是在古代不常用，一般表示竹子的数量用"箇"，后来又写成"個"字。在今天的简化字中，又恢复使用"个"这个最简单的字了。

● 汉字的演变过程

竹简　　篆书

● 汉字与成语典故

个中滋味　个中：其中。滋味：味道，情味。其中的味道。指切身体会的甘苦。宋代向子湮《西江月·绍兴丁巳》："居士何如学士，翰林休笑芗林。个中真味少知音，不是清狂太甚。"

自然篇 97

zhī

笔画	4画
部首	十
结构	独体

　　"支"，本来的字形是一只手拿着竹叶的形象，用手上拿着的竹叶表示和主干分离的竹枝和树枝，"支"的本义是树枝分枝，后来又加了一个"木"，写成"枝"，强调是树的一部分。因为枝条是向上支撑的，所以"支"字又引申为支持、支撑的意思。

● 汉字的演变过程

古文	篆书	隶书

● 汉字与成语典故

乐不可支　支：支持，自持。快乐到不能自持的地步。形容快乐到极点。明代郑明选《蟹赋》："宾客大笑，乐不可支。"

chì

- 笔画 10画
- 部首 支
- 结构 半包围

鸟的翅膀和人的四肢是一样的，都是身体的分支，再给它加上"羽"字，表示上面长满了羽毛，就成了"翅"。

● 汉字的演变过程

篆书

● 汉字与成语典故

展翅高飞 指鸟儿展开翅膀飞走了。比喻充分发挥才能，施展抱负。罗广斌、杨益言《红岩》十七章："她怀着激动的复杂的感情，像正要展翅高飞的海燕，渴望经受暴风雨的考验。"

歧 qí

笔画 8画
部首 止
结构 左右

"歧"字左边的"止"是一只脚的形象,表示和走路有关,"支"的本义是分支,所以"歧"的本义指岔路——有很多分支的道路。

● 汉字的演变过程

小篆

● 汉字与成语典故

歧路亡羊 歧路:岔路。亡:走失。尽是岔道,不知道羊是从哪里走失的。比喻事理复杂多变,容易迷失方向,误入歧途。这个成语出自《列子·说符》:杨子之邻人亡羊,既率其党,又请杨子之竖追之。杨子曰:"嘻!亡一羊何追者之众?"邻人曰:"多歧路。"既反,问:"获羊乎?"曰:"亡之矣。"曰:"奚亡之?"曰:"歧路之中又有歧焉。吾不知所之,所以反也。"

禾

　　"禾"甲骨文字形为 ，是一个完整的庄稼的形象，有茎有叶，还有下垂的谷穗。"禾"的本义是小米谷子，用"禾"所造的字一般和谷物、庄稼等有关。

自然篇

xiāng

笔画 9画
部首 禾
结构 上下

"香"字最早的字形上面是一个禾谷的形象，下面是一个容器，在禾的周围还有一些小点，用来表示散落的谷粒。用收获的谷粒来表示粮食的味道好闻，"香"的本义就是庄稼的味道好闻，引申为所有的味道好闻。

● 汉字的演变过程

甲骨文　　篆书　　隶书

● 汉字与成语典故

拣佛烧香　拣：选择，挑拣。选择要祈求的佛或菩萨烧香礼拜。比喻看人行事，待人厚薄不一。成语出自唐代寒山《诗》之一五九："择佛烧好香，拣僧归供养。"

xīn

笔画 20画
部首 香
结构 上下

"馨"字是在"香"的基础上加"声"字，手拿着锤子敲击悬挂着的乐器，敲击的声音会向远处传播，味道也会向远处传播，所以"馨"表示向外散布的香气。

● 汉字的演变过程

篆书　　　隶书

● 汉字与成语典故

明德惟馨　明德：美德。惟：语气词，表判断。馨：芬芳。美好的德行才是芬芳的。这个成语出自《尚书·君陈》："至治馨香，感于神明。黍稷非馨，明德惟馨。"

自然篇 103

yǐng

笔画 13画
部首 禾
结构 左右

　　"颖"这个字"禾"在左下方，左上方和右边的一部分是"顷"，表示声音。"顷"的本义是头歪斜，两部分合在一起表示禾穗把庄稼的的头压得倾斜，所以"颖"的本义是禾穗的末端，又引申为物体的末端尖锐的部分。"新颖"本来指新生的谷穗，引申为新鲜别致的意思。

● 汉字的演变过程

篆书

● 汉字与成语典故

　　脱颖而出　脱：显露。比喻才能完全显露出来。成语出自《史记·平原君虞卿列传》："平原君曰：'夫贤士之处世也，譬若锥之处囊中，其末立见……'毛遂曰：'臣乃今日请处囊中耳。使遂蚤得处囊中，乃颖脱而出，非特其末见而已。'"

bǐng

笔画 8画
部首 禾
结构 独体

"秉"字的字形是手拿着一株禾苗的形象,所以"秉"的含义是拿,又引申为主持、掌握。

● 汉字的演变过程

甲骨文　金文　篆书　隶书

● 汉字与成语典故

秉烛夜游　秉:持,握。手持火烛,在夜间游乐。成语出自《古诗十九首·生年不满百》:"昼短苦夜长,何不秉烛游?"

自然篇

jiān

笔画 10画
部首 丷
结构 独体

"兼"的造字方法和"秉"一样，只不过是手里拿着两株禾苗，用来表示同时拥有的意思。"兼"的本义是同时进行几件事，或具备几样东西。

● 汉字的演变过程

| 金文 | 篆书 | 隶书 |

● 汉字与成语典故

德才兼备　兼备：二者都具备。指既有好的思想品质，又有相当的能力。宋代许月卿《先天集·入邑道中三首》："天涵地育王公旦，德备才全范仲淹。"《元史·臧梦解传》："乃举梦解才德兼备，宜擢清要，以展所蕴。"

kē

笔画 9画
部首 禾
结构 左右

"科"字左边的"禾"表示庄稼，右边的"斗"指用斗来称，它的本义是衡量，从衡量引申为标准和法规，古代所说的"作奸犯科"就是触犯法律。由这个意思又引申为等级、品类，古代的考试分成各种各样的类别，这种类别就叫做"科"，科举考试就是分类别考核的意思。今天在植物学和医学里经常用"科"来表示分类，如"猫科动物""儿科"等。

● 汉字的演变过程

篆书

● 汉字与成语典故

照本宣科 照本：依照书本。宣：念诵。照着书本念条文。指照着规定去做，不能灵活运用。王蒙《活动变人形》续集二章："他不会也不肯接受现成的哲学模式，照本宣科。"

自然篇

chéng

笔画　12画
部首　禾
结构　左右

"程"是形声字,右边的"呈"表示读音,左边的"禾"表示与称粮食有关。"程"是度量衡的总名,引申为称量和计量。计算要分成几个部分,所以"程"又表示一段距离、一段时间和事情发展的阶段,如"路程""日程""进程"。另外,和"科"一样,"程"也表示法律和规则,比如"章程"。

● 汉字的演变过程

篆书　　隶书

● 汉字与成语典故

计日程功　计:算。程:估量。功:成效。工作的进度或工效可按日子来计算。形容进度快,成功指日可待。清代林则徐《致刘建韵》:"已痛切谕戒,仍望时加诲导,计日程功,是所至感。"

米

"米"甲骨文写作 ※，是画了一个上面长满米粒的谷穗的形象，它的本义是小米，在它的引申义中，去皮之后所有粮食作物的籽实，像后来产生的稻米、玉米等，都可以叫做"米"。用"米"所造的字多和粮食有关。

自然篇　109

jīng

笔画　14 画
部首　米
结构　左右

"精"是形声字，"青"表示读音，也表示精粹、纯粹的意思。"精"的本义是上等的好米，从好米引申为精华、精良的意思。

● 汉字的演变过程

篆书　隶书

● 汉字与成语典故

殚精竭虑　殚、竭：用尽。虑：心思。耗尽了精力与心思。明代王鏊《故河南监察御史程君墓志铭》："时巡按缺员，君兼领其事……殚精竭虑，遂以忧劳成疾。"

cuì

笔画　14画
部首　米
结构　左右

"粹"的含义和"精"差不多，是纯粹、没有杂质的米，也引申为精华的意思。"精粹"两个字经常合用，表示精华。

● 汉字的演变过程

篆书　　隶书

● 汉字与成语典故

冰清玉粹　比喻德行高洁。《初学记》卷十七引晋孙绰《原宪赞》："原宪玄默，冰清玉粹。志逸九霄，身安陋术。"

自然篇 111

cū

笔画 11画
部首 米
结构 左右

"粗"是形声字，左边的"米"是形旁，右边"且"为声旁，本义是没有去皮的米，后引申为粗糙、不精细，如"粗布之衣"。"粗"字也指粗笨、粗野，如"粗鲁"。

● 汉字的演变过程

粗
篆书

● 汉字与成语典故

粗茶淡饭 简单粗糙的饭食。形容生活清苦、俭朴。成语出自北宋黄庭坚《四休居士诗序》："粗茶淡饭饱即休，补破遮寒暖即休，三平二满过即休。"

糟 zāo

笔画 17 画
部首 米
结构 左右

"糟"是形声字,"米"是形旁,"曹"为声旁,"糟粕"这两个字都表示酿酒的时候滤酒剩下的酒渣,引申为没有价值的东西。

● 汉字的演变过程

篆书

● 汉字与成语典故

取其精华,去其糟粕 把有用的东西留下,把无用的东西丢掉。马南邨《不要秘诀的秘诀》:"我们现在提倡读书要用批判的眼光,要取其精华,去其糟粕,这个主张古代读书人却没有胆量提出。"

日

　　"日"这个字形最早是画了一个圆圆的太阳的形象,为了写起来方便,在甲骨文里一般都把它写成了方形,在太阳的正中间加了一个点儿,即 ⊙。这一点儿后来变成了一横,如果缺少这个部位,就很容易和"口"字相混。用"日"所造的字一般和太阳、光明、时间有关。

míng

笔画 8画
部首 日
结构 左右

"明"字是"日"加上"月",日和月是地球上的人类能够看到的最亮的星球,所以把这两个字合在一起表示光明。

● 汉字的演变过程

| 甲骨文 | 金文 | 篆书 | 隶书 |

● 汉字与成语典故

淡泊明志 淡泊:不追求。指不追求名利以表明高尚的志趣。成语出自三国蜀诸葛亮《诫子书》:"夫君子之行,静以修身,俭以养德,非澹泊无以明志,非宁静无以致远。"

自然篇

àn

暗

笔画 13画
部首 日
结构 左右

　　"暗"字左边的"日"表示和光线有关,"音"字表音。"暗"是光线不足、不明亮,引申为不鲜艳、无光泽,如"颜色暗"。还引申指默不作声的、隐藏不露的、秘不公开的,如"暗自"等。

● 汉字的演变过程

暗
篆书

● 汉字与成语典故

明珠暗投　指珍贵的东西得不到赏识。后比喻有才能的人得不到赏识,没有被重用,或好人失足参加坏人集团。成语出自《史记·鲁仲连邹阳列传》:"臣闻明月之珠,夜光之璧,以暗投人于道路,人无不按剑相眄者。何则?无因而至前也。"

dàn

笔画 5画
部首 日
结构 上下

"旦"字的字形上面是太阳，下面最初是一个圆形，有时候还涂成黑色，大概是表示太阳在海上升起的时候水里的影子，后来底下改成一条线，象征着地平线。"旦"的本义是早上日出，引申为早晨，又表示一天。农历正月初一是一年的第一天，所以称为元旦。

● 汉字的演变过程

| 甲骨文 | 金文 | 篆书 | 隶书 |

● 汉字与成语典故

危在旦夕 旦夕：早上和晚上。指在很短的时间内就可能灭亡。《三国志·吴书·太史慈传》："今管亥暴乱，北海被围，孤穷无援，危在旦夕。"

自然篇　117

mò

笔画　10画
部首　艹
结构　上下

"莫"字的字形是画了一个太阳落到草丛中的形象，表示太阳落山的时候，本义是日落的时候，后来又加了一个"日"字写成"暮"。太阳下山后就被遮住了，所以"莫"字引申为没有、不的意思。

● 汉字的演变过程

| 甲骨文 | 金文 | 篆书 | 隶书 |

● 汉字与成语典故

鞭长莫及　及：达到。原意是鞭子虽长，但不能打到马肚子上去。比喻力不能及。成语出自《左传·宣公十五年》："（伯宗曰）不可。古人有言曰：'虽鞭之长，不及马腹。'天方授楚，未可与争。虽晋之强，能违天乎？"

cháo/zhāo

笔画 12画
部首 月
结构 左右

"朝"字左边是太阳从草间生起，右边是一个月亮，表示太阳升起的时候，月亮还没有落下去的样子，所以"朝"的本义是早晨。古代的君主都是在早上处理政务，臣下拜见君主都是在早晨，所以"朝"又引申为朝见、朝拜，表示这个含义的时候读作 cháo。

● 汉字的演变过程

甲骨文	金文	篆书	隶书

● 汉字与成语典故

朝秦暮楚 朝：早晨。暮：傍晚。秦、楚：战国时互相对立的两个强国。战国时期，有些弱小国家和一些游说之士，为了各自利益，一会儿依附秦国，一会儿依附楚国。这个词常用来比喻人反复无常。明代毕魏《竹叶舟·党浆》："因见贵戚王恺，富堪敌国，比太仆更觉奢华，为此我心未免朝秦暮楚。"

月

　　"月"甲骨文写作🌙，是画了一个月牙的形状，大概是因为月亮满月的时候比较少，而月牙状态的情况比较多；里面的符号是为了表示中间是实心的。这个月牙的形象后来除了写成"月"之外，还写成了"夕"，用"月"或"夕"造的字多和月亮、光亮有关。

　　在古代，"肉"字的写法和"月"字的写法非常像，所以"肉"在做偏旁的时候一般也写作"月"，叫做肉字旁，还有几个带"月"字旁的字是从"舟"变过来的。

shuò

笔画 10 画
部首 月
结构 左右

"朔"字的右边是"月",表示和月亮有关,左边是倒过来的人形,表示返回。"朔"字表明了月亮在一个月的时间里从月缺到月圆的轮回:每个月的初一看不到月亮,后来渐渐有了月牙儿,然后变成了半圆,到十五的时候成了满圆,然后是半圆、月牙儿,最后又看不到。"朔"的意思就是农历每月的初一,是月亮转了一个周期又回来了。

● 汉字的演变过程

篆书

● 汉字与成语典故

扑朔迷离 扑朔:四脚乱动。迷离:眼睛半闭。比喻情况错综复杂,难以辨识真相。成语出自《乐府诗集·木兰诗》:"雄兔脚扑朔,雌兔眼迷离。双兔傍地走,安能辨我是雄雌。"

自然篇

lǎng

朗

笔画 10画
部首 月
结构 左右

"朗"字的右边是"月"，表示和月亮有关，左边的"良"表示读音，"朗"的本义是明亮。声音响亮清晰，也叫做"朗"，所以有"朗读""朗诵"这样的说法。

● 汉字的演变过程

篆书　　隶书

● 汉字与成语典故

豁然开朗　豁然：开阔明亮的样子。形容由狭窄幽暗突然变为开阔明亮。也形容一下子明白了某个道理，心情十分舒畅。东晋陶潜《桃花源记》："初极狭，才通人；复行数十步，豁然开朗。"

yè

笔画 8画
部首 亠
结构 上下

"夜"字最早的字形是带着"夕"的形声字,许慎《说文解字》认为:"从夕,亦省声。""夕"表示晚上,"夜"字本义是从天黑到天亮的这段时间。

● 汉字的演变过程

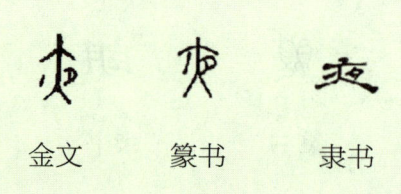

| 金文 | 篆书 | 隶书 |

● 汉字与成语典故

夜以继日 夜晚接着白天。形容日夜不停,忙碌勤奋。《孟子·离娄下》:"其有不合者,仰而思之,夜以继日;幸而得之,坐以待旦。"

雨

　　"雨"字特别形象，甲骨文字形为󰀀，是画了一个天空中下雨的形象，上面的一横代表着云层的位置，底下画出的是正在下的雨滴，"雨"的本义是雨水——空气中的水蒸气遇冷转为水滴从空中落下来。"雨"做偏旁的时候一般写在字的上面，我们今天叫它雨字头，用"雨"所造出来的字多和雨水或云有关。

yún

笔画　4画
部首　一
结构　独体

　　"云"字的字形就像是画了一个天空中的云层的形象，上面两横象征着天空的位置，"云"的本义是云彩，后来被假借为说话的意思，如"子云""诗云"。因为雨和云的关系密切，又用"雲"来表示天空中的云彩，到了简化字的时候删去了"雨"，只用这个最原始的"云"的字形。

● 汉字的演变过程

甲骨文	金文	篆书	隶书

● 汉字与成语典故

　　拨云见日　拨开云雾，看见太阳。比喻前途出现光明。或比喻思想受到启发，豁然开朗。《水浒传》十二回："今日蒙恩相抬举，如拨云见日一般。"

自然篇

xuě

雪

笔画 11画
部首 雨
结构 上下

　　"雪"字，在甲骨文中上面是"雨"，下面是羽毛的形状，表示天上飘下来的像羽毛一样的东西。"雪"的本义是空气中降落的白色的结晶体。后来字形发生了变化，下面的字形变成"彗"——手拿着扫把的样子，表示下雪之后要拿着扫把打扫地上的积雪。再后来字形进一步简化，去掉了扫把的形象，保留了手的形象，就成为我们今天常见的字形。

● 汉字的演变过程

| 甲骨文 | 篆书 | 隶书 |

● 汉字与成语典故

阳春白雪　《阳春》《白雪》：战国时期楚国的高雅歌曲，难度较大，艺术性较高。泛指高雅的、不通俗的文艺作品。成语出自战国楚宋玉《对楚王问》："其为《阳阿》《薤露》，国中属而和者数百人；其为《阳春》《白雪》，国中属而和者不过数十人。"

léi 雷

笔画 13画
部首 雨
结构 上下

"雷"和雨有着密不可分的关系，最早的字形，中间的弧线表示闪电的光线，金文中的四个车轮表示雷声隆隆，就像是车轮在转动的声音，后来字形发生了变化，底下一部分写成了三个车轮的形状，再进一步省略三个车轮成为"田"字。"雷"的本义就是打雷——云层放电的时候发出的强大的声音。

● 汉字的演变过程

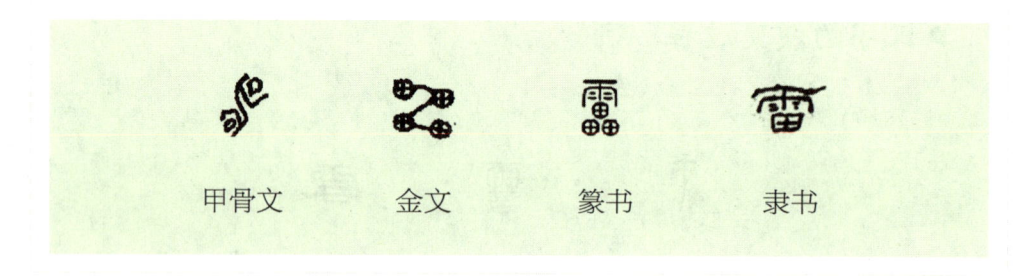

| 甲骨文 | 金文 | 篆书 | 隶书 |

● 汉字与成语典故

雷霆万钧　雷霆：疾雷。钧：古代重量单位，一钧合当时的三十斤。比喻威力极大，不可抵挡。成语出自《汉书·贾山传》："雷霆之所击，无不摧折者；万钧之所压，无不糜灭者。"

自然篇 127

露

lòu/lù

笔画 21画
部首 雨
结构 上下

靠近地面的水蒸气因为夜间遇冷凝结成的小水珠叫"露"。因为露水附着在固体上,古人以为是天上降下来的雨,所以带"雨"。露珠历历在目,不像霜与雾那样看不清,故又引申为显露的意思,由此也引申出泄露之义。

● 汉字的演变过程

露 露
篆书 隶书

● 汉字与成语典故

崭露头角 崭:突出,高出。头角:古时未成年孩子头发作左右两髻,如生两角。比喻突出地显示出才华与本领。成语出自唐代韩愈《柳子厚墓志铭》:"虽少年,已自成人,能取进士第,崭然见头角。"

shuāng

笔画　17画
部首　雨
结构　上下

霜，是露水附在物体上凝结成的白色晶体。后来引申为白色粉状的东西，也用来比喻白色。

● 汉字的演变过程

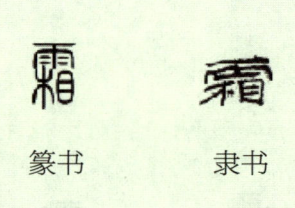

篆书　　隶书

● 汉字与成语典故

傲雪凌霜　傲：傲慢、蔑视。形容松、竹、梅等不畏霜雪严寒，在霜雪中傲然挺立。宋代陈文蔚《十二月廿三日举故事访黄冈梅》诗："岁披草棘访槎牙，为爱凌霜傲雪花。"

自然篇

wù

雾

笔画 13画
部首 雨
结构 上下

雾是靠近地面的水蒸气，因为夜间遇冷，凝结成漂浮在空中的小水滴。作为空气里水汽的一种表现形态，雾是雨的近亲兄弟，所以是用"雨"字头造出来的。

● 汉字的演变过程

篆书　　籀文　　隶书

● 汉字与成语典故

腾云驾雾　乘着云，驾着雾。形容在空中飞行。或形容神志恍惚或头脑晕眩迷糊。《警世通言》卷四十："此时真君已会腾云驾雾，遂赶上二龙，又在半空中杀了多时，后落下平地又战。"杨沫《青春之歌》一部四章："道静坐在凳子上，头脑昏昏沉沉，好像在腾云驾雾。"

山

"山"甲骨文的形象是画了三座山峰,写作 ⛰,本义是山峰——地面上由土石构成的高起的部分。这个字形古代和今天没有太多的变化,今天看起来仍然很像三座山峰的形象。用"山"所造的字多和山石高大有关。

自然篇 131

chóng

崇

笔画　11画
部首　山
结构　上下

"崇"字上面是"山"，下面的"宗"的本义是宗庙，宗庙都是非常高大的殿堂，这里表示高大，所以"崇"的本义是山高大，又引申出高大、重视的意思。

● 汉字的演变过程

篆书　　隶书

● 汉字与成语典故

崇山峻岭　崇、峻：高大。高大的山岭。成语出自东晋王羲之《兰亭集序》："此地有崇山峻岭，茂林修竹。"

qiū

笔画 5画
部首 丿
结构 独体

"丘"字的字形就像是两个小山头，本义是小土山。"丘陵"这个词中，"丘"是小土山，"陵"是大土山，合在一起表示连绵不断的山丘。

● 汉字的演变过程

| 甲骨文 | 金文 | 篆书 | 隶书 |

● 汉字与成语典故

狐死首丘 首：头，此作动词，指朝向。丘：有狐狸洞穴的小土山。传说狐狸死时，总是把头朝向自己住过的小山丘。比喻永远对故乡、故国思念。《礼记·檀弓上》："古之人有言曰：'狐死正丘首，仁也。'"

自然篇 133

峨

é

笔画 10画
部首 山
结构 左右

"峨"是形声字，本义是指让人见了会感叹的高山，形容山极高。后用来形容高大的样子。

● 汉字的演变过程

峨　峨
篆书　隶书

● 汉字与成语典故

峨冠博带　峨：高耸。冠：帽子。博：宽大。高高的帽子，宽大的衣带，这是古代士大夫的服饰。宋代邹浩《送刘归美序》："世之所谓读书者，峨冠博带，周旋于规矩之中。"

阜（阝）

　　"阜"甲骨文写作 ，就像是画了一个高坡的形象，一个斜坡表示山坡的形状，旁边突出来的部分是向上爬的台阶或者脚，所以"阜"的本义是高坡、土山。"阜"在做偏旁的时候写成了左耳旁"阝"，字形像是画了人的一个耳朵的形象，并且在字的左边，表示高坡。用"阜"或左耳旁造的字多和升降、高坡等意义有关。

自然篇 135

zhuì

笔画　7画
部首　土
结构　上下

"坠"字的字形是一个非常生动的图画，左边是高坡，右边是一个人头朝下从山上掉了下来，篆书中右上部换成了"豕"，表示猪从山上掉下来，下面加了"土"，表示从山上一直落到地上，所以"坠"的本义是落、掉下。

● 汉字的演变过程

金文　　篆书

● 汉字与成语典故

天花乱坠　佛教传说，佛祖讲经说法，感动了上天，天花纷纷落下。后用以形容说话非常动听，多为贬义，指语言华而不实。《朱子语类·论语十七》："凡他人之言，便做说得天花乱坠，我亦不信，依旧只执己是。"

jiàng/xiáng

笔画　8画
部首　阝
结构　左右

"降"字，一边画了山坡，另外一边画了两只向下的脚的形象，后来左边的部分写成了"阝"，右边的部分写成了两只脚沿着山坡向下走的形象。"降"的本义就是往下走，引申为落下来。

● 汉字的演变过程

篆书　　隶书

● 汉字与成语典故

祸从天降　指意外的灾难突然降临。《旧唐书·刘瞻传》："此乃祸从天降，罪匪己为，物议沸腾，道路嗟叹。"

自然篇　137

chú

笔画　9画
部首　阝
结构　左右

　　"除"是形声字,"阝"表示和高坡有关,右边的"余"表示读音。"除"的本义是台阶,台阶是一级一级从上往下,引申为离开、去掉。古代离开旧的官职,就任新的官职也叫"除",所以"除"也表示授予官职的意思。

● 汉字的演变过程

篆书　　　　隶书

● 汉字与成语典故

兴利除害　兴:兴办。除:消除。兴办有利的事业,革除有害的弊病。《管子·君臣下》:"为民兴利除害,正民之德,而民师之。"也作"兴利除弊"。

土

　　"土"甲骨文字形是 Δ，是在地面上凸起来的小土堆的形象，后来上面的土堆在字形里变成了"十"字。"土"的本义是土壤，用"土"所造的字大多和土地有关。

自然篇 139

lǐ

笔画 7画
部首 里
结构 独体

　　"里"字的结构是"田"加"土"，"田"和"土"都是人住的环境，所以"里"的本义是人聚居的地方，比如"故里"。从聚居的地方转指城镇的街坊，后来又指衡量长度的单位。"里"的繁体字是"裏"，汉字简化前，"里"和"裏"是两个不同的字，"裏"的本义指衣服内部，后来简化字变为"里"，所以"里"又有内部的意思。

● 汉字的演变过程

金文　　　篆书　　　隶书

● 汉字与成语典故

　　千里迢迢　迢迢：遥远的样子。形容路途十分遥远。明代沈受先《三元记·辞亲》："出门咫尺是天涯，千里迢迢早回家。"

shè

笔画 7 画
部首 礻
结构 左右

"社"字左边的"礻"表示和鬼神有关,右边是"土",合在一起表示土地神。"社"和表示谷神的"稷"合在一起,指中国古代最为重视的神——社稷。土地神和谷神都很重要,所以"社稷"就成了国家政权的代称。从本义又引申为指某些集体组织和服务性单位,如"报社""旅行社"。

● 汉字的演变过程

金文　　篆书

● 汉字与成语典故

城狐社鼠　城:城墙。社:土地庙。比喻凭借权势为非作歹的人。汉代刘向《说苑·善说》:"且夫狐者,人之所攻也;鼠者,人之所熏也。臣未尝见稷狐见攻。社鼠见熏也。何则?所托者然也。"

田

　　"田"字的字形从古到今变化不大,是画了一个分割的很整齐的田块的形象,本义是耕种的田地。用"田"所造的字多和田地有关。

jiè 界

笔画 9画
部首 田
结构 上下

"界"字的字形是"田"和"介","田"表示田地,"介"的本义是人穿着甲衣,这里表示处于两者之间。"界"的本义就是不同地域交接的地方,如"国界"。

● 汉字的演变过程

界
隶书

● 汉字与成语典故

大千世界 原是佛教用语,后用来指包罗万象、广阔无垠的世界。唐代程太虚《洞阳峰》诗:"丈五月轮才晃曜,大千世界便辉光。"

自然篇

lüè

笔画 11画
部首 田
结构 左右

"略"字中,"田"指田地,"各"表示到达,合在一起表示到田地里整治土地,划定边界,所以"略"的本义是经营土地、划定疆界的意思,又引申为谋划,如"谋略""雄才大略"。计划的事情一般都是简略的,所以"略"又可以表示大概的意思,如"大略"。

● 汉字的演变过程

略	略
篆书	隶书

● 汉字与成语典故

文才武略 泛指写作诗文的才华和用兵的韬略。宋代韩维《送孙广》诗:"文才武略有家规,懿行乡间雅见推。"

dāng/dàng

笔画　6画
部首　⺌
结构　上下

"当"的繁体字形是"當",也是从"田"造出来的字。"当"的本义是两块田地相对,引申为对着、向着,如"当面"。从相对又引申为相对等、相匹配,如"门当户对"。拿东西去抵押换钱来使用就是用东西换出相匹配的钱来,这叫"当",作这个含义的时候读作 dàng。

● 汉字的演变过程

| 金文 | 篆书 | 隶书 |

● 汉字与成语典故

皓月当空　皓月:皎洁的月亮。当:正在。指明亮的月亮挂在天空。宋代袁普《蒙斋集·二〇·九芙蓉峰》:"眼底山光半有无,芙蓉面目定何如?忽然皓月当空挂,始信山灵不负予。"

水（氵）

　　"水"是在自然类中组字能力最强的基本字源。"水"字甲骨文字形写作𝕊，是画了一条河流的形象，中间是弯弯曲曲的河道，两旁的小点代表河里的水滴。"水"的本义是河流，后来泛指水这种无色无臭的液体。"水"在做偏旁时写作"氵"，我们叫它三点水，用"水"造的字多和河流或者水这种液体有关。

汤 tāng/shāng

笔画 6画
部首 氵
结构 左右

"汤"的繁体字字形是"湯",左边是水,右边的"昜"指太阳从云层升起来。太阳升起有热的意思,所以"汤"的本义是热水,后来才指煮东西产生的汁液。

● 汉字的演变过程

金文	篆书	隶书

● 汉字与成语典故

赴汤蹈火 赴:奔向。汤:开水。蹈:踩。敢于投入沸水,跳进烈火。形容不畏艰险,奋勇直前。《三国志·魏书·刘表传》南朝宋裴松之注引《傅子》:"今策名委质,唯将军所命,虽赴汤蹈火,死无辞也。"

自然篇　147

juān

笔画　10画
部首　氵
结构　左右

"涓"字的结构左边是水，右边的"肙"字本义是小虫，这里表示小的意思。"涓"的本义是细小的水流，从水流引申为洒扫清除，古代在宫里专管洒扫清除的人就叫涓人，后用来泛指和皇帝亲近的侍从官，再后来专门用来指太监，如"中涓"。

● 汉字的演变过程

篆书

● 汉字与成语典故

涓滴归公　少量的财务只要是非个人所应得的，也都上缴给公家。形容秉公理财，丝毫不占公家便宜。《官场现形记》："小侄情愿报效，捐来的钱，涓滴归公，一个薪水也不敢领。"

tì

笔画 10画
部首 氵
结构 左右

"涕"是形声字，右边的"弟"表示读音，左边的三点水表示与水等液体有关。"涕"的本义是眼泪，后来又造了"泪"字，表示从眼睛里流出的液体，"涕"字就转指鼻子里流出的液体，但是在一些词语当中，"涕"还保留着眼泪的意思，如"感激涕零""破涕为笑"。

● 汉字的演变过程

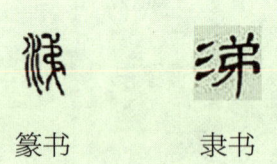

篆书　　隶书

● 汉字与成语典故

感激涕零　涕：眼泪。零：落。感动得流下了眼泪。成语出自唐代刘禹锡《平蔡州三首》诗之二："路傍老人忆旧事，相与感激皆涕零。"

自然篇 149

yǒng

笔画 5画
部首 丶
结构 独体

"永"字最初的字形像一个人在水里游泳，本义是人在水中游泳，这个意义后来写成"泳"字。"永"又表示水势长流的样子，引申为久远，比如"永垂不朽"。

● 汉字的演变过程

| 甲骨文 | 金文 | 篆书 | 隶书 |

● 汉字与成语典故

一劳永逸　指辛苦一次，可以得到永久的安逸。北魏贾思勰《齐民要术·种苜蓿》："此物长生，种者一劳永逸。"

川

　　"川"是用水的形象造出来的基本字源,"川"在甲骨文中写作 ⿻,也是画了一条河流的形象,只不过把河里的水滴画在了中间,金文中又改成了三条流动的曲线——巛。"川"的本义也是河流,作为偏旁的时候有时会写成"巛",用"川"所造的字多和河流、流畅有关。

自然篇 151

zhōu

州

笔画 6画
部首 、
结构 独体

"州"是在河中间画了个小岛的形象，它的本义是水中的陆地，中国古人认为陆地都是被水所包围的，所以喜欢用"州"来表示划分地理区域。据说从夏禹开始把中国分为九州，后来有很多地方都喜欢用"州"来命名，像徐州、扬州、广州等。因为"州"做了地名，所以就造了一个新字"洲"表示水中的陆地。

● 汉字的演变过程

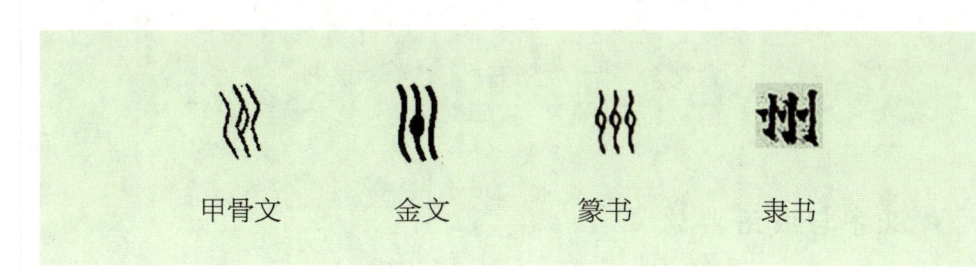

甲骨文	金文	篆书	隶书

● 汉字与成语典故

只许州官放火，不许百姓点灯 指反动统治者自己可以胡作非为，老百姓却连正当活动也要受到限制。南宋陆游《老学庵笔记》第五卷："田登作郡，自讳其名，触者必怒，吏卒多被榜笞。于是举州皆谓灯为火。上元放灯许人入州治游观，吏人遂书榜揭于市曰：'本州依例放火三日。'"

shùn

笔画 9画
部首 页
结构 左右

"顺"字右边的"页"表示人的头,"川"表示水流,合在一起表示人的思想像水流一样流畅、顺畅,所以"顺"的本义是顺应,依从。后来也指事情合乎心意,顺利进行。

● 汉字的演变过程

| 金文 | 篆书 | 隶书 |

● 汉字与成语典故

顺理成章 原指写作遵循事理,自成章法。后多用来指说话、做事合乎情理,有条不紊。北宋朱熹《朱子全书·论语》:"文者,顺理而成章之谓也。"

自然篇

xùn

笔画 5画
部首 讠
结构 左右

"训"字，左边的"讠"表示语言，右边的"川"表示和水流一样流畅，合在一起表示用言语教导人，让人听从，所以"训"的本义是教导、教诲。

● 汉字的演变过程

| 甲骨文 | 篆书 | 隶书 |

● 汉字与成语典故

训练有素　素：平素，平时。平时一向有严格的训练，基础扎实，根底深厚。常用以形容军队训练。梁实秋《雅舍小品·客》："从前官场习惯，有所谓端茶送客之说，主人觉得客人应该告退的时候，便举起盖碗请茶，那时节一位训练有素的豪仆在旁一眼瞥见，便大叫一声'送客！'"

冰（冫）

"冫"是一种特殊的水，它最早的字形就是凝结起来的冰花的形象，本义是结冰，这个字也是"冰"字最早的字形，后来才写成"冰"。"冰"作为偏旁的时候经常写成两点，放在字的左边。用"冫"造的字多和结冰、寒冷有关。

自然篇 155

bīng

笔画 6画
部首 冫
结构 左右

"冰"字，在两点水的基础上再加上一个"水"，表示水凝结成的冰，所以"冰"的本义就是水凝结成冰。因为"冰"本身非常寒冷，所以把极冷的感觉也称为"冰"。

● 汉字的演变过程

| 金文 | 篆书 | 隶书 |

● 汉字与成语典故

冰清玉洁 像冰一样晶莹，像玉一样纯净。比喻人的品格高尚纯洁。这个成语出自汉代司马迁《与挚伯陵书》："伏惟伯陵材能绝人，高尚其志，以善厥身，冰清玉洁，不以细行荷累其名。"

lěng

笔画 7画
部首 冫
结构 左右

"冷"是形声字,"令"表示读音,"冫"表示和寒冷有关。"冷"的本义是温度低,由这个意思引申出不受欢迎、没人过问的意思。

● 汉字的演变过程

篆书　　隶书

● 汉字与成语典故

令人齿冷　齿冷:牙齿感到冷,这里指耻笑。行事不当而让人耻笑、鄙夷。成语出自《南齐书·乐颐传》:"人笑褚公,至今齿冷。"

自然篇　157

hán

笔画　12画
部首　宀
结构　上下

　　"寒"最早的字形是一幅生动的寒冬取暖图——一所房子里站着一个人，人的周围围着厚厚的干草，脚底下有两块冰，提示这是冬天，由此可见，"寒"的本义是寒冷。贫穷的人一般要忍受饥饿和寒冷，因此"寒"又有贫困的意思。寒冷使人不适，所以"寒"字引申为悲伤、畏惧、害怕等意思。

● 汉字的演变过程

金文　篆书

● 汉字与成语典故

唇亡齿寒　嘴唇没有了，牙齿就会感到寒冷。比喻双方相互依存，利害相关，关系极为亲切。《左传·僖公五年》："虢，虞之表也；虢亡，虞必从之……谚所谓'辅车相依，唇亡齿寒'者，其虞虢之谓也。"

dōng

笔画 5画
部首 夂
结构 上下

"冬"字最早的字形是在一根丝上打上两个结，丝上打结表示已经织完了，冬天是一年的尽头，所以用这个形象来表示。后来，为了表示冬天寒冷的特征，就在字形底下再加上冰，就成了"冬"字。

● 汉字的演变过程

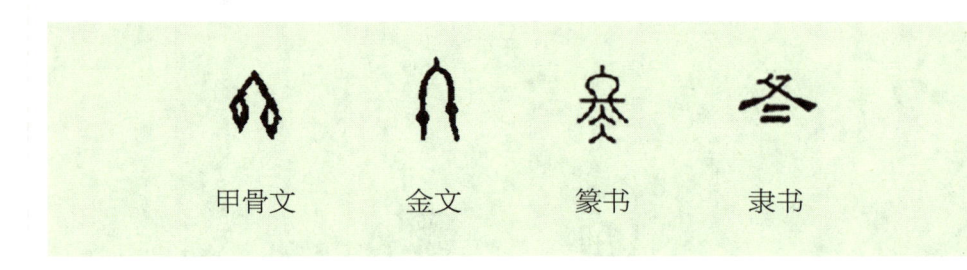

| 甲骨文 | 金文 | 篆书 | 隶书 |

● 汉字与成语典故

寒冬腊月 指农历十二月天气最冷的时候。泛指冬天最冷的季节。元代李文蔚《燕青博鱼》："如今天气热，你便杀了我；到那寒冬腊月里害脚冷，谁与你焐脚？"

自然篇 159

zhōng 终

笔画 8画
部首 纟
结构 左右

"终"字的甲骨文字形也是绳子打结的形象，用这个来表示尽头、结束的意思，由这个意思引申出从开始到结束的整段时间，如"终日"。因为表示结束，所以也指人死去。

● 汉字的演变过程

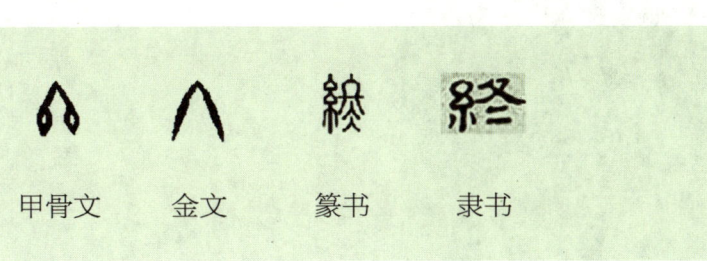

甲骨文	金文	篆书	隶书

● 汉字与成语典故

善始善终 处理事情自始至终都很圆满。《庄子·大宗师》："圣人将游于物之所不得遯而皆存，善夭善老，善始善终。"

火（灬）

"火"甲骨文字形写作▥，是火焰的形象，"火"字本义是燃烧时产生的光和焰，作为偏旁时写成"灬"，叫做火字底。用"火"造的字多和燃烧、火焰有关。"火"是一个常见的部首，组成的汉字非常多。

自然篇 161

yán

笔画 8画
部首 火
结构 上下

"炎"字的字形是两个"火",合在一起表示火焰,中医里把身上红肿热痛的症状叫作"炎",因为比较像火燃烧的感觉。从本义又引申出权势的意思,如"趋炎附势"。

● 汉字的演变过程

| 甲骨文 | 金文 | 篆书 | 隶书 |

● 汉字与成语典故

世态炎凉 世态:社会上人们相互对待的态度。炎:炎热,指亲近。凉:指冷淡。形容人们对得势者百般巴结,对失势或陷于困窘者便疏远冷淡。南宋文天祥《指南录·杜架阁》:"昔趋魏公子,今事霍将军,世态炎凉甚,交情贵贱分。"

fén

笔画　12画
部首　火
结构　上下

"焚"是会意字,这个字上面是"林",底下是火把,是用火来燃烧草木的意思。后引申为燃烧。

● 汉字的演变过程

| 甲骨文 | 篆书 | 隶书 |

● 汉字与成语典故

玩火自焚　焚：烧。玩火的人最终烧死了自己。比喻做冒险的或害人的事,最后自食其果。成语出自《左传·隐公四年》:"夫兵,犹火也,弗戢,将自焚也。"

自然篇 163

zāi 灾

笔画 7画
部首 宀
结构 上下

"灾",上面是房子,下面是火,房子着火了,表示火灾,由此引申指各种天然灾害和人为的祸患,还引申为疾病、死亡等不幸的事情。

● 汉字的演变过程

| 甲骨文 | 篆书 | 籀文 | 隶书 |

● 汉字与成语典故

幸灾乐祸 幸:高兴。乐:高兴,快乐。指见到、听到别人遭受灾祸时,自己心里反而高兴欢喜。北齐颜之推《颜氏家训·诫兵》:"若居承平之世,睥睨宫闱,幸灾乐祸,首为逆乱,诖误善良……此皆陷身灭族之本也。"

rè

笔画　10画
部首　灬
结构　上下

"热"字最初的字形是一个人用手举着火把,后来右边的部分写成了"丸"。"热"的本义是点燃火把,又引申为温度高,有加热的意思。

● 汉字的演变过程

甲骨文　　篆书

● 汉字与成语典故

古道热肠　古道:古代淳厚的风俗习惯。热肠:热心肠。形容待人真挚、热情。清代李宝嘉《官场现形记》第四十四回:"几个人当中,毕竟是老头子秦梅士古道热肠。"

金（钅）

"金"字金文写作 ![金文], 是一个组合起来相对复杂的字, 左边两块表示金属块, 右下面是"土", 表示金属是从土里提炼出来的, 右上部分是"今"字, 表示读音。后来的字形把两个金属块移到了字形当中, 合并后变成了今天大家熟悉的"金"的样子。"金"的本义是铜, 后来引申指所有的金属, 今天又专门用来指金子。

"金"做偏旁时在左边, 古代的写法并没有太多的变化, 只是把底下的横改成了提, 简化字为了写起来简单变成了"钅"。用"金"所造的字多和金属有关, 各种金属的名称基本上都是用"金"做偏旁造出来的。"钅"是一个比较常用的偏旁, 组成的汉字很多。

钉 dīng/dìng

笔画　7 画
部首　钅
结构　左右

　　"钉"字最早写成"丁"，字形像一个钉子，后来为了强调是用金属造出来的，给它加了一个金字旁，变成"钉"字。"钉"的本义是钉子，指用竹木或金属制成的可以打入其他物体中的细条形的东西。

● 汉字的演变过程

篆书

● 汉字与成语典故

斩钉截铁　截：截断。比喻说话或做事态度果断、坚决。宋代释道原《景德传灯录·洪州云居道膺禅师》："学佛法底人，如斩钉截铁始得。"

自然篇 167

zhēn

针

笔画　7画
部首　钅
结构　左右

　　"针"字最初的字形上面是"竹"，表示用竹子制成，底下的"咸"表示读音，后来把"竹"改成"金"，表示用金属制成。之后民间把右边的"咸"改成了"十"，像是针的形象，这样写起来比较简便。

● 汉字的演变过程

篆书

● 汉字与成语典故

　　见缝插针　比喻利用一切可利用的时间、空间或机会。路遥《平凡的世界》（上）二十章："这一点自留地，他宝贵得不知种什么好，从庄稼到蔬菜，互相套作，边边畔畔，见缝插针。"

dùn

笔画 9画
部首 钅
结构 左右

"钝"的意思是不锋利,"钅"表示跟金属有关,"屯"表示读音,也表示厚重、慢的意思。由不锋利引申为笨拙、不灵活,如"迟钝"。

● 汉字的演变过程

篆书

● 汉字与成语典故

成败利钝 利:锋利,引申为顺利。钝:刀锋不快,引申为挫折。成功与失败,顺利与挫折。指处事的各种情况与结局。三国蜀诸葛亮《后出师表》:"臣鞠躬尽瘁,死而后已,至于成败利钝,非臣之明所能逆睹也。"

小

　　"小"字是细小的尘沙的形象，甲骨文画了几粒小沙子，字形为𣥂，用细小的沙子来表示细小，所以"小"的本义是细微，和大相对。用"小"所造的字都和细微等意思有关，用"小"所造的字并不太多。

shǎo/shào

笔画 4画
部首 小
结构 独体

"少"和"小"本来是一个字,早期的字形都是细小的沙粒形状,后来为了分化字的意义,就在"小"下面加了一撇,专门表示数量小的意思。"少"的意思和多相对,又引申为年纪轻,表示这个意思时读作 shào,如"少年"。

● 汉字的演变过程

| 甲骨文 | 金文 | 篆书 | 隶书 |

● 汉字与成语典故

少不更事 少:年纪轻。更:经历。形容年纪轻,缺乏经验或不懂得人情世故。《晋书·周颚传》:"吾少年未更。"

自然篇

shā/shà

笔画 7画
部首 氵
结构 左右

"沙"字也是直接从"小"分化出来的。"小"的本义是细小的尘沙,后来加上"水",表示水冲沙形成的沙粒。"沙"的本义是细碎的石粒。

● 汉字的演变过程

| 甲骨文 | 金文 | 篆书 | 隶书 |

● 汉字与成语典故

白沙在涅,与之俱黑 涅:黑土。白色的细沙混在黑土中自然变黑。比喻好人处在坏的环境里,也会逐渐变坏。《荀子·劝学》:"白沙在涅,与之俱黑。兰槐之根是为芷,其渐之滫,君子不近,庶人不服。"

雀

qiāo/qiǎo/què

笔画　11画
部首　小
结构　上下

"雀"的字形上面是"小",下面是"隹","隹"是鸟的意思,合在一起表示小鸟。"雀"的本义是麻雀——体型较小的一种鸟。

● 汉字的演变过程

甲骨文　　篆书

● 汉字与成语典故

燕雀安知鸿鹄之志　安:哪里。鸿鹄:天鹅。像燕子、麻雀这样的小鸟哪里知道天鹅的志向。比喻平凡庸俗的人不能了解英雄人物的远大志向和抱负。《史记·陈涉世家》:"陈涉太息曰:'嗟乎!燕雀安知鸿鹄之志哉!'"

索 引

A

暗　　115

B

半　　6
苞　　85
本　　89
彪　　25
冰　　155
秉　　104

C

草　　81
朝　　118
尘　　29
晨　　53
程　　107
翅　　98
崇　　131
宠　　32
除　　137
粗　　111
粹　　110

D

旦　　116
当　　144
岛　　59
钉　　166
冬　　158
钝　　168
夺　　65

E

峨　　133
翻　　70

F

焚　　162
奋　　66
伏　　14
负　　48

G

羔　　12
个　　96
狗　　16

H

寒　　157

毫	77	K		末	90
豪	21	科	106	莫	117
号	23			牧	5
衡	75	L			
花	82	朗	121	N	
卉	83	雷	126	农	54
货	49	冷	156	虐	24
获	15	里	139		
		林	87	P	
J		笼	33	贫	50
鸡	57	垄	31		
集	62	鲁	36	Q	
兼	105	露	127	歧	99
降	136	略	143	麒	27
骄	2			庆	28
解	73	M		丘	132
界	142	美	11	雀	172
精	109	明	114		
涓	147	鸣	58		

索引

R
热	164
辱	52

S
森	88
沙	171
筋	74
少	170
蛇	39
社	140
施	41
束	93
双	64
霜	128
顺	152
朔	120

T
他	40
汤	146
特	7
涕	148
豚	20

W
蛙	44
尾	78
未	92
翁	71
乌	60
物	8
雾	129

X
习	69
鲜	37
香	101
祥	10
翔	68
馨	102
雪	125
训	153

Y
炎	161
夜	122
迤	42
蝇	45
颖	103
永	149
竽	95
渔	35
云	124

Z

灾	163	针	167	骤	3
葬	84	振	55	朱	91
糟	112	支	97	逐	19
责	47	只	63	状	17
毡	79	终	159	坠	135
		州	151		